前向きに生きるなんてばかばかしい

脳科学で心のコリをほぐす本

人工知能研究者／脳科学コメンテーター
黒川伊保子

マガジンハウス

はじめに　自己啓発の罠

かのスティーブ・ジョブズは、２００５年スタンフォード大学の卒業式の講演で、こう言っている。

あなた方の時間は限られています。だから、本意でない人生を生きて時間を無駄にしないでください。ドグマ（教条主義）にとらわれてはいけない。それは他人の考えに従って生きることと同じです。他人の考えに溺れるあまり、あなた方の内なる声がかき消されないように。そして何より大事なのは、自分の心と直感に従う勇気を持つことです。あなた方の心や直感は、自分が本当は何をしたいのかもう知っているはず。ほかのことは二の次で構わないのです。

※（　）内は筆者加筆　（日経電子版２０１１／10／９）

Your time is limited, so don't waste it living someone else's life. Don't be trapped by dogma-which is living with the results of other people's thinking. Don't let the noise of others' opinions drown out your own inner voice. And most important, have the courage to follow your heart and intuition. They somehow already know what you truly want to become. Everything else is secondary.

ジョブズのこの講演は、世界中で有名になり、多くのビジネスパーソンが目にし、感動したはずだ。

しかし、あれから13年経っても、世の多くの人が、「他人の意見」を自己評価の軸にして生きている。「前向きに生きよ」「目標を立てて、努力せよ」「人に感謝せよ」と、多くの指導者が口にする。

私は、なんだか釈然としない。脳を研究すればするほど、脳が望むことは百人百様なのに、百人一様の理想形が世の中を席巻していることが、どうにも解せない。

昔、『大草原の小さな家』というテレビドラマを観ていて、母親のセリフに胸を打たれたことがあった。

美しく成熟した姉娘と、そばかすだらけでやせっぽちの妹娘。妹ローラは、姉に少しでも近づきたくて、不釣り合いな化粧をしてみたり、胸に詰め物を入れて膨らましたりしてみるのだ。母親は、しばらく見ないふりして放っておいて、ローラが挫折し始めたとき、そっと言うのである。

「あなたは、あなたのままでいなくちゃ、もったいないわ。あなたが誰か別の人のふりをしていたら、あなただけを愛する人は、どうやってあなたを見つけたらいいの？」

少し前まで、外国語教育は早いほどいいと言われたが、最近になって、早期外国語教育を受けた子の理系の成績が、そうでない子に比較して伸び悩む傾向にあるという見解があるという。

脳科学的には想定内だ。脳は、全方位に才能を伸ばすことはできない。言語能力に使う信号は、空間認知力に使う信号とはモデルが違う。幼いうちに、脳が自然に望んだわけじゃないのに、何かに特化した信号処理を施せば、別の何かの信号処理が手薄になることは容易に想像できる。

でもまぁ、別にいいんじゃない？　偏微分が解ける脳より、英語ペラペラな脳のほうが、つぶしが利きそうな気がする。そもそも、何もかもの天才にしてやることは不可能なのだ。どっちの方向であれ、親の思い込みには感謝しなければ。

しかしふり返ってみるに、何かに長けている人が、ないものねだりをする必要はないのじゃないかしら。

一人でオールマイティを生きる必要はない。だって脳は、インタラクティブ（相互作用）を求めて生きているのだから。「自分がいなければ生きていけない存在」と人生を紡いでいくことは、最高のインタラクティブでしょう。

ということは、誰かがいなくちゃ生きていけない点が多い人ほど、人に愛される。オールマイティだから愛されている人なんて、見たことがない。

その人らしさに突出していること。人生を豊かにする鍵は、ここにある。

優等生になりたくて、その人らしさをないがしろにする。

優等生になれば、みんなに愛されて、大切にされると信じているからだ。

脳科学上、そんなところに幸せはないのに。

これって、ジョブズの言う「ドグマ（教条主義）にとらわれること」じゃないだろうか。


人には向上心がある。

しかし、それは、時にすっとんきょうな方向へ、自らを導いてしまうことがある。


私の、向上心の塊のような友人が、どうにも視野角が狭くて、いろいろなものを見逃すので、「コンタクトの度数が合っていないんじゃないの？」とアドバイスしたら、「そんなことないですよ。1・5以上見えるように、最高の度にしてもらってるんですから」と息巻くではないか。

「え、それって、見えすぎ。そんな見えたら、空間を俯瞰できないから、空間把握力が下がってしまう。道が覚えられないのは、そのせいじゃない？」と、半ば強制的に度数を変えさせた。そうしたら、あんなに道に迷い、ものをなくしていた人が、あ〜ら不思議、空間を把握し、数学に興味を持ち始めたのである。「あなたって、理系脳だったのね」と感心するくらい。頑固な肩こりもすっかり治ったのだという。

ここまで単純な思い込みだと笑い話だが、案外誰もが、「素晴らしくなりたくて、すっとんきょうになっている」こともあるのじゃないだろうか。

「本当」の素敵な自分に会いたくて、素敵な努力を重ねていることが、自分をドツボに追い込んでいないだろうか。

自分に合わない目標で、自分を壊していないだろうか。

誰よりも長けていたくて、罠にはまる。

自己啓発の罠である。

この本は、おそらく自己啓発本の中に置かれると思う。

けど、「前向きで、戦略的で、たゆまぬ努力をし、実行力があり、夢があり、

人に感謝する」系の自己啓発本を蹴散らす本なのだ。(ごめんあそばせ)(ほほほ)

というわけで、そんな本を一冊書いてみようと思う。

脳科学で、心のコリをほぐす一冊。

〝そんな努力〟、案外しなくてもいいかもしれないよ?

目次

失敗を未然に防ぐなんてばかばかしい

夢や目標を見失わないなんてばかばかしい ……73

輝かしいキャリアを手に入れるなんてばかばかしい ……87

友人がたくさんいるなんてばかばかしい……131

できのいい子どもなんてばかばかしい……149

かっこいい身体を手に入れるなんてばかばかしい

前向きに生きる
なんて

ばかばかしい

30代の女子に見える50歳と、経験豊かなマダム（あるいは百戦錬磨のキャリアウーマン）に見える50歳。

どっちが勝ちなんだろうか。

（いきなり、女子の話題だが、男性読者もどうか読み進めてほしい。男性読者の落としどころもちゃんと用意してある）

キャリアＶＩＰに美魔女はいない

私は、職業柄、多くのＶＩＰ級キャリアウーマンにお目にかかるが、テレビの通販番組に登場するような「50代で、まるで30代に見える美魔女」は見たことがない。

50代なら、人生経験を有している余裕が、ちゃんと外見に現れている。現場でたたき上げられてきた感じ。多くの汗と涙と笑顔が、彼女の顔を作ってきた感じ。ちょっとやそっとのことではビビらない風格、溢《あふ》れる好奇心と萎えない意欲を感じさせる瞳。不思議なのは、太っていても痩せていても、それが彼女の適正サイズに見えてしまうところだ。太っていても滑稽じゃない、痩せていても貧相じゃない。一言でいえば、「おばちゃんじゃないけど、けっして女子じゃない」という感じかな。

これ見よがしな付けまつ毛やエクステンション（付け毛）、カラーコンタクト（瞳の輪郭がプリントされたコンタクトレンズ）、凝ったネイルなどの美魔女アイテムも見たことがない。けれど、自分とＴＰＯに似合う髪形や口紅や靴はよく知っている。

周囲の男性たちに一目置かれ、後輩たちに慕われ、顧客には信頼されている。彼女がミーティングの場所にいてくれると、〝間違いがない感じ〟がする。

そんな女性たちしか、ＶＩＰの場所には残っていないのである。イギリスのメイ首相しかり、ドイツのメルケル首相しかり、アメリカのキャロライン・ケネディ女史しかり。日本の企業で見るビジネスＶＩＰたちも、ほんと、あんな感じ。

彼女たちは、とても彼女たちらしい。洗練されている。ただ、それだけである。

キャリアVIPも女子会マウンティングを受ける

けれど、彼女たちが、日本の50代の女子会に参加した主婦の一人なら、「その腰回り、なんとかしたほうがいい」「あなた、ほうれい線がやばいかも」「ネイルサロンくらい行ったら？」とつつかれて、マウンティングされてしまう可能性が高い。

超一流の場所で、超一流に見える女性たちが、女子会でマウンティングされるとしたら、では、そもそも女子会マウンティングってなんなんだ？

つい最近まで、私の会社の40代の女性スタッフが、まつ毛エクステとカラコンで、お人形さんのような目元をしていた。ロングヘアの巻き髪は、「目指せ、マイナス10歳！」のお約束。シルバーのネイルも美しかった。女子会で「すてき～」と言われるそのスタイルを、彼女はよかれと思って続けていたのだ。

前向きに生きるなんて

ばかばかしい

彼女は確かに人目を引いた。年齢より10歳も若く見えた。彼女が足を組めば、男性たちがチラ見する。女性たちも「素敵〜」と集まってきて、ちやほやしてくれる。

その一方で、一向に、ビジネスの信頼度が上がらないのである。彼女の発言は会議で軽んじられてしまう。男性たちには軽くあしらわれ、VIPの女性たちには、彼女が目に入りさえしないので、会話さえもしてもらえない。

「信頼されるプロになるつもりなら、美魔女アイテムはやめたほうがいい。あなたの才能が見えなくなっていて惜しいよ」と、ある日、私は声をかけた。

彼女は、エクステを落とし、カラコンをやめ、長い髪をすっきりとしたボブにして、大変身を遂げた。カラコンを外して気づいたのだけど、彼女の瞳は、とても美しいブルーの輪郭を持っていた。さらに、キュートなワンピースを、上質のツイードのスーツに変えた。見事な徹底ぶりだった。

そうしたら、変身したその日から、プロとして認められるようになったのである。「あの方が、やっと目を見て話してくれるようになりました〜。あの方も、あの方も」という嬉しそうに語ってくれる。男性たちにも評判がいい。

キャリアシーンで信頼されるわけじゃない、いい男にモテるわけでもない。だとしたら、美魔女を目指す人の目標は、女子会で勝つことなのだろうか。なんだそれ？

彼女は、こう叫んだ。「エクステにカラコンにネイル。すごくお金をかけていたんですよ！　時間も半端なく……なのに、あれって、なんだったのぉ〜〜〜」

日本女性も、もっと、戦略的になったほうがいい。マイナス10歳の美魔女なんて目指さずに、大人の風格をエレガントに見せつけるほうが、ずっと得することが多いのに。「もっと痩せなきゃだめよ〜」なんていう女子会マウンティングに負けてはいけない。

若く見えたほうがいい、腰回りは細いほうがいい、しわやシミはないほうがいい、まつ毛は長いほうがいい、瞳は大きいほうがいい、爪はきらきらしているほうがいい。

確かに一つ一つは、そうかなと思わなくもないけれど、すべてを追及してしまうのは戦略として得策ではない。信頼できる経験知を人に知らしめたかったら、多少のしわがあったほうがいいに決まっている。キャロライン・ケネディが、少女のようなつるんとした顔にカラコン入れていたら、彼女は百戦錬磨のトップレディに見えるかしら。

セルフ・マウンティング

女子会マウンティングが、なぜ、ばかばかしいかというと、そこに戦略がないからだ。

何がしたいのか、どうなりたいのか。それがないのに、些末《さまつ》な勝負でいちいち勝とうとしている。で、結果、何にもなれない事態に陥っていく。

些末な勝負といえども、すべてに勝てば美魔女コンテストでは優勝できて、そうなれば、ひとしきり幸せに暮らせるのかもしれない。でも、ほとんどの人は、戦略のない勝負に挫折して、「私なんて、ダメ人間」とため息をつくことになる。

根拠のない勝負に勝手に負けて、自分にがっかりする。

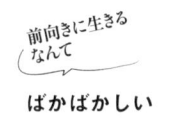

でもね、一見、周りの女子にマウンティングされたようだけれど、よくよく思い返してほしい。「シミしわがなく、全体に細くて華奢《きゃしゃ》で、バストだけが豊かで、外国語がペラペラ喋《しゃべ》れて、キャリアも手にして、趣味でも一目置かれ、子どもは英才教育中」なんていう目標を、誰が口にしたのだろう。

一人一人は、部分的な勝負しか口にしていないはず。結局、全方位に勝ちたくなったのは、あなた自身なのである。

あなたを締めつけているのは、あなた自身。要は、セルフ・マウンティングである。

と、ここまで、「女って、馬鹿だなぁ」と思いながら文章を読んでいた男子諸君。

悪いけど、男性だって、そう変わりはない。「背が高くて、甘いマスクで、胸筋が豊かで、腹筋が引き締まっている」とか、「学歴が申し分なく、外国語がペラペラ、経済に精通している（株で儲けたとか）、事業に精通している（会社を売り買いしたとか）、政界に人脈がある、報道の裏事情を知っている、すごい外車に乗っている」相手に負けたような気がするのなら、五十歩百歩。

そのうちのいくつかを持っていて、ビジネスやモテに戦略的に使うのなら素敵だが、その「俺ってデキる男」カードを取りそろえてひけらかすのは、うんとかっこ悪い。

ビジネスの現場で、これらのカードがどれだけ役に立つか、会社の売り買いだの、株などに手を出したことのない私にはよくわからないが、こんなカードを出し合って角突き合わせている男性は、やはり尊敬を集めるトップキャリアには見えない気がする。そういう人たちは、おそらく専門家を侍らせて、静かに判断を下しているのだろう。

そもそも、外国語や経済に通じて、こざかしく動くのは「使用人」の範疇《はんちゅう》では？　自分の専門領域に不器用なほど一生懸命で、それ以外のことは専門家の使い方を心得ていて、判断力はあるがばたばたしない、というのが、かっこいいと思うけど。

それに、外見で言っても、甘いマスクや、体育会系の腹筋は、女性は表で騒ぐほどセクシーには感じていない。もともと女性脳は遺伝子相性で相手を厳選して

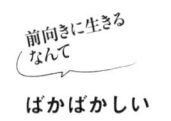

いくので、よほど秀でた個体は別にして、女性の好みは十人十色。一様に全員にモテる方法なんて、どこにもない。

戦略がないから、満点を取りたがる

2017年5月、史上最年少のフランス大統領となったエマニュエル・マクロンには、戦略家の妻がいる。

エマニュエル・マクロンは、ハンサムなエリートで、演説もファッションもきわめてハイセンス。その演説は「魅せ方をよく知っている。シネマのよう」とも言われている。

マクロン夫人ブリジットは、夫より24歳年上である。高校の演劇の先生と生徒として出逢い、16歳のマクロンが、40歳の彼女に一目惚れして愛を貫いた。

フランスの上流階級では、子どものために最初に雇うのが、詩と演劇の家庭教師だそうだ。そういう家庭で育たなかった場合でも、たとえば経営者になるときに、演劇の教師を呼んで「経営者らしい立ち居振る舞いと言葉づかい」を演劇メソッドとして学ぶのだという。つまり、「演劇の先生」というのは、単なる部活の顧問なのではなく、エリートたちがエリートの階段を上るためのライフ・プロデューサーなのである。

デキる、美しい大人の女性に夢中になったマクロン少年であるが、ブリジットもまた、彼を最高の逸材であることを見抜き、心から惚れこんだという。

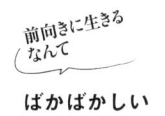

さて、無所属の若いマクロンは、2017年の大統領選においては、中道の貴公子を貫く必要があった。人気急上昇した極右国民派のルペンが、ブルジョワ階級の傲慢を徹底して非難し、左翼党を攻撃していたからだ。こうなると、国民のブルジョワと保守への嫌悪が掻《か》き立てられる一方で、保守政権下で既得権を得ている人たちの懸念が募る。

そんな中、無所属で躍り出たマクロンは、エリートではあるがブルジョワではない。極右よりずっとましで、ブルジョワよりややまし、という立ち位置で、最終決戦まで勝ち残り、最後は、行き先のなくなった左翼票をかき集めて、決選投票を勝ち抜いた。

この微妙な立ち位置を貫くにあたって、あるエピソードがある。選挙戦期間中、対立候補だった中道右派のフランソワ・フィヨンのスーツが、パリの老舗テーラーで何万ユーロもするオーダーメードであることが指摘され、非難を浴びた。マクロンは、すばやく、ブランド物のスーツから、地元のテーラーの日本円で10万円以下のスーツに換え、就任式に至っては4万円台の既製スーツで身を包み、マダムたちの好感度を上げたという。もちろん、ブリジットの戦略に違いない。

妻が24歳年上（選挙中は25歳年上）、美しい脚と魅力的な笑顔の持ち主だが、それなりにしわがあるところも、きっと、大きく功を奏したのに違いない。

しかし、考えてみれば、少年による人妻略奪愛。今の「不倫叩き横行中」の日本では信じられないようなスキャンダルだが、日本の報道陣がそれを非難したのは聞いたことがない。彼らは、自分たちの見せ方が、本当にうまいのだと思う。

マクロンに隙がなかったら、彼は大統領にはならなかった。少なくとも２０１７年の史上最年少フランス大統領には。エリートだけじゃなくブルジョワ出身で、

25歳年上じゃなく20歳年下の妻を持っていたら。ブランドスーツに身を包んだままだったら。

戦略とは、いかに隙を見せるかだ。

大統領選でさえそうなのに、一般の私たちは、もっとそう。だって、人は、隙に惚れ、隙に寄り添うのだもの。

完璧であろうとして、勝手にセルフ・マウンティングして、勝手に自分にがっかりするのは、もうやめたらどうだろうか。

「自然体で、がんばらない」は最強である

戦略がないくせに、「前向き」に生きたいと切望するから、「よかれと思って」のつぎはぎができ上がる。それは最もばかばかしい道なので、努力するなら、せめて戦略的であってほしいと思うのだが、実のところ、戦略のないほうがずっといいのである。

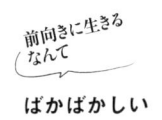

自然体で生きる。好奇心に駆られてがむしゃらに走ることはあっても、前向きだから努力するという考え方はしない。本人はただ遊んでいるだけ。なのに、その「遊び」が限界を超えて究極を作り出し、どこまでも高みへ行ってしまう。

それこそが、人類の脳の理想形なのだ。


ノーベル文学賞受賞者であるジョン・スタインベックのことばに、「天才とは、蝶を追っているうちに、山頂に上ってしまう少年である」という名言がある。

アルバート・アインシュタイン博士は、物理学で遊んでいるうちに、相対性理論を発見した。社会の役に立ち、実際に大きなお金を生む工学や医学と違って、数学者や物理学者は、いわゆる「憧れられる商売」じゃないと思う。実際、高校生だった私が物理学科に行きたいと言ったときの大人たちの反応は、「将来、何で食べていくつもりなんだ？　宇宙論では食えないぞ」だった。「同じ偏差値なら、医学部に行ってくれればいいのに」とか。今どきなら、数学が得意なら、いっそ棋士になってくれたらいいのに、もあるかもね。

お見合いの肩書に「物理学者」と書いてあっても、モテるとも思えない。どんな物理学者や数学者も、「前向きに、素敵な自分を目指して」なるわけじゃない。ただ、好奇心のままに、ひたすら走り続ける。そうしてやがて、世の中をひっくり返す発見をして、未来を手繰り寄せていく。究極の脳の使い方である。

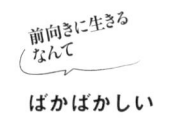

体操の内村航平選手は、前人未到の世界選手権三連覇を達成したときに、「演技中、何を考えているのですか？」というインタビューに応えてこう言った。

――見ている人は、僕が回転したり、体をねじったり、ぴたりと止まったのを見ているのでしょう？　けれど僕は、「世界」が回転したり、ねじれたり、ぴたっと止まるのを見ている。それが面白くてしょうがない。

あー、この人は天才なのだ、と、テレビを観ていた私は嬉しくなった。過酷の道を行かない、遊び心を失わない天才を、私は心から愛する。

内村選手だって、きっと身体は酷使している。けど、気持ちは、遊びの延長。怪我やスランプさえもきっと、「ゲームの挑戦ポイント」のように、どこか楽しんでいるのに違いない。自分らしさを失わない、好きでたまらないことを追求しているだけの脳は、運がいいので（その解説はのちに述べる）、過酷さもほどほどになる可能性が高い。

血のにじむような思いで幾多の苦難を乗り越え、突き刺すような前向きの志の果てに、栄光の光を浴びる者は、確かにすごい。そのうえ、人に感謝する姿は、本当に美しい。

2018年平昌《ピョンチャン》オリンピックの羽生結弦は、まさにその体現。神の化身のように見えた。あの演技に感動しないものはいないだろう。

でも、その道は過酷すぎる。天まで届くような向上心と、切ないほどの使命感に支えられたストイックなその生き方は、あまりにも素敵だけれど、私は、自分の読者には奨められない。

その脳の使い方は、ひどくストレスのある使い方で、ほとんどの場合は途中で挫折してしまうだろう。羽生選手が何千人にひとりの精神力の持ち主だったからこそ、最後まで行けたのである。

自分を生きる力

一方の、宇野昌磨はどうだ。

傷だらけの身体で、日本の誇りを背負って立った羽生結弦とは対照的な天然ぶりが、日本のお茶の間を笑顔にしている。

羽生選手が涙と共に伝説を打ち立てた同じ試合で、宇野昌磨は、冒頭のジャンプに失敗して手をついてしまった。世界中が緊張したその瞬間、満面の笑みを浮かべた宇野選手は、その後の演技をのびのびとこなしてみせた。結果、見事に銀メダルを獲得。羽生結弦との奇跡のワンツートップを実現して見せた。

試合後のインタビューで、彼は、「羽生選手の演技、見てました。っていうか、他の選手の演技も見てます。出番を待ってるときは、けっこう暇なんで。他にすることないし」と応えていた。その平常心ぶりにびっくりして、私は、テレビに見入ってしまった。緊張するので、ライバルの演技は見ないという選手が一般的なのに。

彼は、こんなふうに続けた。――確かに、金メダルは意識した。いつもの自分の演技が確実にできれば取れるだろう、と。なのに、冒頭のジャンプで失敗しちゃって、「ここでかよ～」と笑えた。後は、のびのびやれた。

文句なしのトップランナーなのに、日本を代表しようとか、恥ずかしくないようにとか、そんな他人目線が一切ない。自分らしさを失わず、マイペースを崩さない。誰の人生も生きていない。「宇野昌磨」の人生を悠々と生きているだけだ。

上を目指して、傷だらけになって飛翔した羽生結弦の隣で、子犬のようにきょとんとしている宇野選手の圧倒的な「強さ」に気付いた人も多かったと思う。「精神力」で言ったら羽生選手のほうが上なのに……だとしたら、彼の強さは何なのだろう。世間は「鈍感力」ということばを与えたが、私はピンとこない。「自分を生きる力」と呼ぶほうがふさわしいような気がする。

自分を生きる力。

脳は、この宇宙にたった一つの装置である。脳の配線構造は、遺伝子の妙と経験知が作り出す。この宇宙で、後にも先にもたった一つの装置として、私たちの脳は、ここにある。自分の脳にしか見えないもの、自分の脳にしか感じられないもの、自分の脳にしか紡ぎだせないことば、自分の脳にしか表現できないこと。それらが見つかれば、ここにいる価値が絶対にある。

誰もが憧れる理想像を踏襲する道は確かにあるが、それは過酷すぎる、よほど恵まれた才能と精神力がなければ、人生はただ過酷なばかりになってしまう。人に称賛されても、次の称賛を目指すことになって……。他人の脳を生きるのは危険でさえある。

前向きってどっち向き?

私は幼い頃から、ずっと心に引っかかっていたことがある。

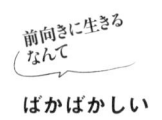

なぜ、人は前向きでなければならないのだろうか。そもそも、前向きって、どっち向き?

多分、私の脳の嗜好が少し変わっていて、誰もがいいと思うものに憧れたことが少ないから、そんなふうに感じたのだと思う。

幼稚園の入園面接で「好きな食べ物は何？」と聞かれて「たくわん」と応え、母は私を二度見したという。人が「あの人素敵ねぇ」といった男子をそう思った経験があまりなく、人が憧れる道に憧れた経験もあまりなく、誰かに勝とうと思ったこともない。正義感もあいまいで、他人の不倫ぐらいじゃ、いらっともしない。

60歳になろうとしている今でも、「前向き」がどっち向きかよくわからない。ためしに、脳科学で「前向きに生きる」とは何かを分析してみると、やはり、脳にとっては得策じゃなかった。その先に光はあるみたいだが、細く過酷な道を行くことになるのである。

人生は楽しんだほうが勝ち。勝負は遊んだほうが勝ち。私は、やっぱりそう思う。

ここからの章は、自己啓発の定番が脳にとって得策じゃない理由について、解説していこうと思う。

誰からも好かれる人になる
なんて

ばかばかしい

人から嫌われるのは怖い？

誰からも好かれている人は、得しているように見える？

まぁ確かに、学校ではそうかもしれない。構成員が未熟な集団で（未熟だからこそ、学ぶわけだが）、基本的に「一人勝ち」や「個性」は嫌われる場所だから。学校では、みんなに好かれていたほうが居心地がいいし、好感度を保ちながらも目立たないようにしていたほうが得だったりする。

そもそも、学校で目立っても、あんまり意味がない。お金が儲かるわけじゃないし、発言権や決定権をゆだねられる社会的地位を得るわけじゃない。だとしたら、信念に基づいた発言をして波風立てるよりは、みんなに好かれておいたほうが、勉強もスムーズに進む。それは戦略の一つとしてある。それは認める。

でもね、人に心地いい言動を心がけて波風立てず、空気を読んで誰からも好かれる作戦を、大人になっても引きずるというのは、得策じゃない。

だって、誰からも好かれる人は、誰の心にも残らない人になってしまう可能性が高いからだ。世界でたった一人の「あなた」に出会いたい人は、「誰からも好かれる人」という着ぐるみを着ているあなたに気付かないかもしれない。仕事だってそう。平均値を狙っていたら、「その他大勢」に呑み込まれてしまう。

脳科学的には、誰からも好かれる人は、誰からも「あなたしかいない」とは言われない人になってしまう。せっかくこの世に生まれてきて、宇宙にたった一つの装置（脳）を持つあなたなのに。

「好き」の反対は、「嫌い」ではない

脳では、好きと嫌いはとても近い現象である。どちらも、対象に脳がロックオンして、ストレスを伴う神経信号を発する現象だ。つまり、相手が気になってしょうがないということ。感性を触発されたうえで、文脈によって好きになったり、嫌いになったりする。

好きの反対は、嫌いではなく、「目に入らない」。脳の神経回路に、いっこうに引っかからないのである。好きと嫌いは、容易に転ずるが、無関心から好きへと転ずることはほとんどない。

ちなみに、生理的に我慢できない、は、これに準じない。不摂生な中高年のおじさまたちが発する加齢臭は、若い女性たちの脳に「この個体に近づいてはいけない。細胞が弱っているので、初期の生殖に適さない」と知らせてくるので、とても、気持ち悪いのである。これは、脳の本能的な嫌悪感であって、意識の方向性云々の問題じゃない。だから、ほとんどの場合「たまらなく好き」に転ずることはないので、あしからず。生殖本能にかかわるもののほかにも、不潔、暴力など、「生命を脅かされる属性」に対する不快感もまた基本、快感へは転じない。

しかしながら、「なんとなくあの人が嫌い。強引な感じが、どうも……」なんていう感情は、時に「案外、頼もしい人。彼だけが私をかばってくれた」のように転じるのである。実は、リーダーシップに憧れる人ほど、それをふんだんに持っている人に反発し、怯《おび》え、そして憧れる。

そう、わざわざ「嫌い」と言う場合、その根底にはある種の憧れが潜んでいる可能性が高いのだ。

以前小堺一機さんと対談させていただいたとき、師匠の萩本欽一さんに、「芸人は叩かれて、はじめて一人前。叩かれない芸人には本当のファンはつかない」

誰からも好かれる人になるなんて
ばかばかしい

と言われたと話してくださった。また、マドンナはスキャンダルで叩かれたときに「スキャンダル？　大歓迎だわ。無視されるよりもずっとマシ」と言ったという。スターたちは、「無関心」が何より怖いことを知っているのだ。「死ぬほど好き」と言うファンを持つ人たちは、「死ぬほど嫌い」と言う人を同じくらい持っている。しかも、現代のネット社会では、後者のほうが声が大きかったりする。みんなが好きなものに、容易になびかないほうがクールな感じがするからかしら。

大勢に反対してみたくなる人間のさがで、人気のある人をきつく叩き、報われない人には愛の手を差し伸べる。ボランティアにいそしむ優しい人が、一方でアイドルの不倫にイラつき、寄ってたかってぼこぼこにする。不倫なんて、したくてするものじゃない。ひたすら、かわいそうなだけだと思うけど……。

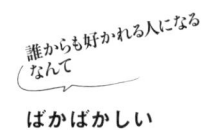

人は、心惹《ひ》かれるものに、時にイラつかずにはいられない。だとしたら、それを恐れていたら、心惹かれてもらえる人にはなれないってことだ。

以前、私の本のレビューに「腹が立って、ゴミ箱に捨ててやった」という書き込みがあった。私は、ちょっと胸が熱くなった。私の筆が、誰かの心を揺さぶったのだ。わざわざ買って、心を激しく動かし、転売せずに捨ててくれた。不快な思いをさせたのは申し訳ないけど、それもまた脳の刺激、彼女の脳もきっと得るものがあったはず。私たちには、確かに、魂の交流があったのだ。何も起こらないより、ずっと愛しい。

というわけで、私は、「大ファンです」と言われるくらい、「大っ嫌いです」と言われることに感動する。たぶん面と向かって言われたら、握手しちゃうかも。心さえ動いてくれれば、私のメッセージを善しとしようと、悪しとしようとかまわない。その人の感性を触発したのだと思うと、表現者としては本当に嬉しい。

人に好かれたい人は、世間がつらく感じる

好きの反対は嫌いではなく無関心。まるで、そこにいないようになることだ。誰からも好かれようとして、どうでもいい人になってしまっては、元も子もない。人は嫌われた数だけ、惚れられる。そう覚悟してみよう。

人に嫌われることに怯えて、したいことができない人は、つい「自分はこんな

に我慢しているのに」と、人をとやかく言いたくなる。そうして、自分がする以上、人がとやかく言うことがありありと想像できるため、さらにビビることになる。怯えの連鎖に入ってしまうのである。

一方、人をとやかく言わない人は、「人がとやかく言うこと」を想像しなくなる。無邪気に、人を信じて生きていけるようになる。人生が、いい循環へと入っていくのだ。

つまり、人の「好き」「嫌い」を気にしないということは、おおらかな人生へと導いてくれる大事な入り口。一方で、「誰からも好かれる人になる」という考え方は、世間がつらくなるばかり。なんで、そんなにがんばって、人生をつらくしてしまうの？

自分の好きと嫌いは大事にする

他人に言われる「好き」と「嫌い」は気にしなくていい。

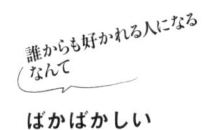

そのかわり、自分の脳が発する「好き」と「嫌い」は大切にしなければならない。私たちの脳は、その潜在意識が顕在意識の何十倍も活性化していて、その脳の必要な事象に、自然に連れて行ってくれる。だから脳の声には素直に耳を傾けたほうがいい。

そのメッセージの最たるものが「好き」という気持ちなのだ。好きでたまらないことには、徹底して没頭したほうがいい。そこを追求していくと、必ず自らの才能を活かせる道が拓けてくる。

脳は、自分の行くべき道を本当によく知っている。人に嫌われまいとして、「世間の理想の平均値」を探っていると、自分の脳の声が聴こえなくなってしまう。それでは、人生の道は曲がりくねった瓦礫《がれき》の道。

自分の心には、嘘をつかないことだ。好きでたまらないことには、必ず真実がある。自分の嘘を見破るために、人は、人生で一つ以上の、好きでたまらないことを見つけなければならない。

空気を読むほど薄れる存在意義

「誰からも好かれる人になる」ことのデメリットとして、もう一つ伝えたいのが「空気を読む」ことの怖さ。

皆と繋がっていたい、グループに帰属していたい、人から嫌われたくないという気持ちが強いと、ついつい「空気を読む」ことにエネルギーを注ぐことなる。10数年ほど前の女子高校生へのアンケートに、「理想の男性は？」という質問があって、その1位が「空気が読める人」だった。未だに覚えているのは「空気が読める男なんてくだらないぞ！　大丈夫か女子たち」と思ったから。「空気を読む」とは人の気持ちを探り、その場の雰囲気を壊さないようにふるまうことだ。いいことのようだが、空気を読む者に、真のリーダーになれる者はいない。人は、俯瞰して、全体の流れを読むとき、「空気を読む」回路は使えないからだ。

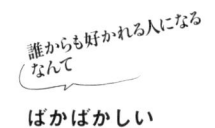

私たちの脳は、俗に左脳と呼ばれる左半球と、右脳と呼ばれる右半球に分かれている。それぞれ別の仕事をしながら、時に連携して、出力（思考、言動）を作り出している。

左脳は顕在意識と直結して、言葉や数字を操り、現実的な問題解決を行う領域。右脳は潜在意識の領域を主に担当し、外界のさまざまな情報を脳の持ち主も知らないうちに収集し、イメージを創生し、世界観を構築する場所だ。

この2つの脳をつなぐのが脳梁《のうりょう》と呼ばれる神経線維の束。脳梁は右脳が作り出すイメージを、顕在意識に上げる。簡単に言うと、「感じたことを顕在意識に知らせる通路」である。

人のことを気にしているとき、脳梁には大量の電気信号が流れている。脳梁を行き来する信号が豊富であれば、相手の話を解析する能力が増し、周囲の微細な変化に気付きやすくなる。

一方、空間認知力、俯瞰力を高め、脳内に独自の世界観を創り上げるには、ある程度、右脳と左脳の連携を寸断して、右脳や左脳のすみずみにまで信号を行き渡らせる必要がある。

右脳が、その豊かな世界観を創生するには、感じたことを言葉や記号にしないまま、ぼんやりとする時間が必要不可欠だ。さらに、その裏側で、左脳のすみずみにまで信号が行き渡ると、世界観が理念になっていく。このとき、脳梁を介する右左脳連携信号は、ほとんど起こらない。と、いうよりもそこに電気信号を使う余裕がない。

この状態のとき、すなわち、世界観を創生し、理念を創り上げている時期、脳の持ち主は、ただぼんやりして見える。話しかけても生返事だし、目の前の人の気持ちや動きを察してあげることもできない。つまり空気を読むことができない。

しかし、この能力がないと宇宙論や経済学は生まれなかったし、複雑な図面を描いてビルを建てたり、電子機器を作ったり、新幹線を時間通りに走らせたりすることもかなわない。

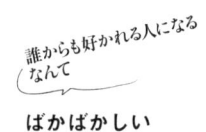

男性は、生まれつき女性よりも脳梁が細く、空気を読む能力は、女性に比べて低いのが基本。なのに、「空気を読む」ことに邁進《まいしん》するなんて、くだらない。男は、空気が読めなくてなんぼ、流れが読めなくてなんぼ、である。

女性は、空気を読む力は、幼い頃からしっかりと持っている力である。だからこそ、使いすぎないように気を付けなければ。その他大勢になって、流されてしまわないために。

イエスマンなんて、そこにいる価値がない

私の知る限り（年間かなりの会社に出入りするが）、経営のボードメンバーには「空気を読む」イエスマンはいない。見たことがない。経営者から見れば、経営会議で空気を読んで皆と同じ意見を言っている人には、給料を払う価値がない。その人にしか言えない意見が言える人は、空気を読まない。空気を読んでいたら、インスピレーションが消えていくからだ。

社長は周りにイエスマンを置きたがるなんて、それは大きな誤解だ。本当にできるビジネスパーソンは、自分が気付かなかったこと、自分に痛いことを言ってくれる相手を重用する。イエスマンが嬉しいビジネスパーソンは必ずいつか失速してしまう。だから、付き合う必要がない。

誰からも好かれる人になるなんて

ばかばかしい

さらに、日頃から空気を読んで、自分の本音とは別の「理想のことば」を言っていると、真実のことばまでもが空虚になることも覚えておいたほうがいい。

いつも、誰に対しても「素敵」を連発する女性がいた。初対面の相手には、好感を持って受け入れられるのだが、やがて、彼女の発言はスルーされるようになってしまうのである。見事なくらいに〝透明人間〟になってしまう。誰にでも与える大げさな誉めことばが、挨拶にしか聞こえなくなってしまい、空虚に響くからだ。人に同調しすぎていると、そこにいてもいなくてもいい人になってしまう。

誰かの「特別な人」になっていく人には、「その人としかわかり合えないこと」、「その人からしか聞けないことば」がある。

空気が読めて、誰に対しても気遣いができ、結果として誰からも嫌われない人は、誰かの特別な人になれないというのは、そういうことだ。

わかっているフリができる人、空気が読める人は、その場を適当に和やかに盛り上げられるので便利ではある。でもただのお祭り男、お祭り女として、便利に使われるだけだ。これが空気を読むことの怖さ。空気を読んで、周りに同調してしまうのは、マウンティングされることなんかより、とても怖いことだと知っておいてほしい。

他人におもねることと共感力は別もの

なお、察することと「空気を読む」のは、別ものである。一を聞いて十を知る。あるいは、師の背中を見て、技を受け継ぐ。日本人が大切にしてきた察しの力は、「空気を読んで、全体に同調する」のとは、また違う話だ。

人の動作を自分のそれのように感じる力、人の気持ちを自分のそれのように感じる力、共感力。共感力は、人間が生まれつき持っている能力である。

私たちの脳の中には、ミラーニューロン（鏡の脳細胞）と呼ばれる認知細胞があり、目の前の人の表情筋や動作を、鏡に映すように素直に写し取ってしまう。目の前の人が満面の笑みを浮かべれば、つい笑顔になってしまうのも、目の前の人が右を向けば、つい右を見てしまうのも、脳が持っている基本機能なのだ。

誰からも好かれる人になるなんて

ばかばかしい

赤ちゃんは、目の前の人の表情筋を写し取る力により、ことばを獲得していく。また、動作を写し取る力により、多くのことを学んでいくのである。

長じてからも同様である。人の身体を、自分の身体のように感じるからこそ、匠の技をマスターしていくことができる。時には、自然の営みや、宇宙の動きをも、自分の身体の一部のように感じるセンスがあるからこそ、魂を揺さぶるようなことばや芸術や発見が生み出されるのである。

この世の森羅万象を、自分の五感になぞらえて、インスピレーションに変える。この能力が高い人は、人の話を聞くときも、飾らず、真摯に受け止める。時には、人の不実や怠惰も見抜き、いきり立つこともなく、全体を正しい方向に導いていく。この能力と、周囲の空気を読んで、「今これを言っておいたほうがいいかな」と思って他人におもねる発言をしたり、皆が黒って言ってるから黒にしておこうというふうに大勢に流されるのとはまったく違う。

共感力は、生きる力の源である。センスと言い換えてもいい、あらゆる能力の基礎となる力だ。残念ながら、鍛えることができない。というか、誰でもが、持って生まれてくる。赤ちゃんのときにはふんだんに持っているこの力を、人はなぜか、忘れたり、封印したりしてしまうようなのだ。

よく天才は、子どものような感受性、と称されることがあるが、まさにそのとおり。子どもが持つ、素直な共感力を失わないものだけが、匠になり、マスターになり、科学者や芸術家になっていく。

実は、共感力を封じるのも、他人におもねる行為であることが多い。親におもねり、言いなりになることに慣れてしまうと、子は、自分の感受性を使わなくなる。自分の感受性を使って、親の指示と違う答えが出ると苦しいからだ。

たとえば、子どもの成績（勉強にせよ、習い事にせよ）に一喜一憂する親がついていると、子どもは、親の感情に怯えて、とにかく親の気に入るようにしようと必死になる。感受性の感度はできるだけ下げて、与えられた命題に、求められる答えを出すことに邁進する。木漏れ日の美しさに見惚れることも、雨の音の優しさに聞き入ることも許されず、どの答えを出せばいいのかを問い詰められていたら、脳は、当然そうなる。

その結果、大人になっても、「今出すべき答えは何か」を探って、空気を読むのである。周囲に共鳴して、そこにインスピレーションを見出すのではなく。

誰からも好かれる人になるなんて

ばかばかしい

だから、教育熱心な親に育てられたいい子ちゃんこそ、危ない。そこそこの答えを見繕って、器用に生きてきた人も危ない。

そういう人は、恋をしたときも、「正解の行動」とは何かを探るマニュアルボーイやマニュアルガールになりがちだ。どうすればモテるのか、どういうしぐさをしたら、彼は落ちるのか、なんてね。そういう人ほど、恋愛難民になってしまっている。

万人受けする行為と、大切なたった一人と心を通わせることは、全く別ものなのに、それに気づかないから。モテ行動や、かわいらしいしぐさを研究するよりも、相手のしぐさや表情を、鏡に映すように、自分に写し取ったほうが効果がある。ミラーニューロンを呼び覚ませ、である。

そのためには、空気を読む癖、すなわち人におもねって、「今ここでの模範解答」を探る癖を、すぐにでもやめなければ。人に好かれようとして、人生を見失ってはいけない。

そもそも、人生を見失っているからこそ、人に好かれないと怖くて生きていけないんだから、この輪廻《りんね》は断たなくてはね。どうぞ、思い切って。

失敗を未然に防ぐ
なんて

ばかばかしい

失敗を恐れすぎていないだろうか。

プレゼンの前に、何度もリハーサルを繰り返す？　点を取り合うゲームで、あなたが勝っていたのに点を取り返されたとき、そのまま失速してしまう？

ちょっと待って、2018年平昌オリンピックの宇野昌磨選手を思い出してほしい。金メダルも射程範囲に入ったフリースケーティングの冒頭のジャンプで失敗して手をついてしまったのに、にっこり笑って、残りは最高の演技をして見せた彼の強さを。盛り上がり最高潮の滑走順で登場し、会場中がかたずをのんだ最初のジャンプで、あえなく失敗。普通なら、泣き出しそうな必死の顔で立ち上がるシーンで（私たちは、何度そういう顔のフィギュア選手を見てきたことだろう）、輝くような笑顔が広がった。照れ笑いでも、苦笑いでもなかった。「ここでかよ～と、笑えた」そうである。

失敗はチャンスである

失敗を未然に防ぐなんて

ばかばかしい

完璧な演技を見せた羽生結弦選手ももちろん素晴らしかったけど、あの失敗を笑い飛ばした宇野昌磨選手は、メダル以上に私を感動させたたし、あの日から数日、ビジネスパーソンの間では、圧倒的に話題性が高かった。日々戦いの中にある者にとっては、宇野昌磨選手の無邪気さにこそ、むしろ未来的なのびしろを感じるのかもしれない。すごい奴が出てきたなぁと、百戦錬磨の男たちがつぶやく。羽生選手の精神構造は、私たちにも想像ができる。想像がつく範囲内で、しかし前人未到の高さにいる。けれど、宇野選手のそれは、想像を超えた場所に、軽々と立っている感じがしたのだ。

失敗はしないことより、むしろ、失敗の対処のしかたに、人は、器の大きさを見る。

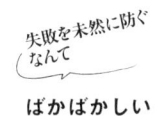

失敗は、恐れることはない。むしろ、失敗したときに、自分ののびしろを見せつけてやればいい。輝くような笑顔で、何ごともなかったように、次に向かうことで。滞りなく完遂した仕事よりも、失敗をリカバリーした仕事のほうが、仲間や顧客との結束感が強くなり、再び仕事をもらうことが多い。

そういえば、昔、「買い替えまで、何のトラブルもなく走っている車と、故障して、迅速に対応してくれた経験のある車だと、後者のほうがディーラーのリピート率が高い」という話を聞いたことがある。もしかすると、誇張したたとえ話かもしれないが、確かに、心に残るレストランは、何か手違いがあったときに、粋な計らいを見せてくれたレストランだったりする。

だとしたら、失敗はピンチでなく、チャンスである。人間性をこぼれさせ、顧客やファンを惹きつける。

失敗には、もっと大きな恩恵がある

そして、失敗は、もっと大きな恩恵をもたらしてくれる。

失敗は、脳にとって、最高のエクササイズなのだ。失敗して痛い思いをすると、その晩、脳は、失敗に使った関連回路の閾値（生体反応に必要な刺激量）を上げて、電気信号が行きにくくなるようにするのである。

失敗すれば、その晩、脳が進化するのだ。同じ失敗を繰り返さない脳に。失敗を重ねれば重ねるほど、私たちの脳は、失敗しにくい脳に変わる。失敗に「し損」はない。

ただし、失敗を他人のせいにする人は、脳が失敗だと認知できないので、脳は進化しない。失敗を悔やみすぎる人も、そのネガティブ信号が強すぎて、うまく進化できないことがある。

「失敗は潔く認めて、清々しく眠る」が正解。ショックが大きすぎたり、くよくよと考えすぎると、失敗回路をむしろ強めてしまう。

過去の失敗にくよくよし、まだ起こってもいない未来の失敗までをもぐずぐず言う人は、必ず同じ失敗をする。それは、脳の本意ではない。

失敗が脳を作る

脳には、天文学的な数の回路が入っていて、優先順位がついていないと、とっさの判断がかなわない。

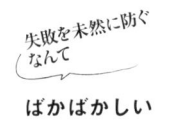

たとえば、目の前を横切った黒い影が猫だとわかるためには、猫を認知する回路にだけ、素早く信号が流れる必要がある。このとき、犬を認知する回路にも豚を認知する回路にも信号が流れたら、これがなんだかさっぱりわからないという事態になる。影に怯えながら、一歩も前に進めなくなってしまう。

人生前半の脳なんて、多かれ少なかれ、そんなものである。いい失敗を繰り返してきたベテランにとっては、答えは一つしかないのに、若手は、いくつもの案を比べて、「どれがいいのかなぁ」なんて、迷宮に入ってしまう。

私は、百戦錬磨のコンサルタントとして、けっこう重宝がっていただいているのだが、誰にも負けないのは、失敗の数だけだ。なぜなら、失敗事例だけが、本当の意味で、人を導いてあげられるからだ。成功事例を言ったって、「へぇ、運がよかったんだ」くらいにしか思ってくれない。成功には、たくさんの運と縁が絡んでいるからね。本人の脳だけのお手柄じゃないように見えることが多いからだ。

失敗によって、優先順位がついている脳は、つかみがよくて勘がいい。だから運がよくなる。自分の運を落とす相手に近づくこともないし、自分の運を落とす道を選ぶこともない。

十分に失敗した脳だけが、本質を知り、勝ち手を見抜く

逆に、成功すれば成功に使われた関連回路に電気信号が流れやすくなる。中でも、さまざまなかたちの成功に共通に使われる回路は、使われる回数が多いので、特に優先順位が高くなる。これこそが、物事の本質を見抜く洞察力の回路に他ならない。超一流のプロたちはこの力を持っている。彼らはこの回路を使って「勝ち手」を瞬時に見抜く。この回路は、成功体験を積み重ねることによって作られる。

しかしながら、この成功体験を劇的に増やし、大切な回路に何度も信号を流して本質の回路に昇華させるには、その前に十分に無駄な回路を切り捨てておく必要がある。

その無駄な回路を捨てるエクササイズが「失敗」なのだ。

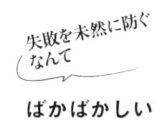

この世のどんな失敗も脳の成長のためにある。失敗の数が多いほど、そして、失敗の取り返しのつかなさが深刻なほど、脳は研ぎ澄まされた直感を手にし、その脳の持ち主は、輝かしいプロになり、しなやかな感性を持つ大人になる。したがって、「失敗」は恐れる必要がない。

失敗に効く「真夜中の闇」

ところで、私たちの脳はいつ進化しているかご存じだろうか。それは脳の持ち主が眠っている間である。起きている間、脳は認知や思考や、その結果の出力に忙しくて、新しい知識の整合性を確かめ、回路に定着させる暇などないからだ。しかし、脳の持ち主が眠ると意識領域の信号が沈静化し、仕事が減る。そこでやっと脳は手が空いて、新しい知へと触手を伸ばすことができる。

具体的には、起きている間の体験を何度も再生して、そこから知識や知恵を切り出す。過去の知識と引き比べて精査し、知識ベース全体の質も見直す。古い知

失敗を未然に防ぐなんて

ばかばかしい

識と統合して抽象化し、センスも作り出す。つまり、脳は眠っている間に進化するのである。

それは、座学で得た知識の定着にとどまらない。人間関係の機微や仕事のコツ、芸術や運動のセンスもこの方法で獲得し、脳に定着させていく。たとえば、昨日までできなかったドリブルをものにしたサッカー少年。眠るまでは、その体感も筋肉制御の単純記憶にしか過ぎない。しかし、眠っている間に脳が運動センスにまで昇華して、運動野に書き込んでいく。昼間の鍛錬が夜のよい眠りによってセンスに変わる。したがって、鍛錬することと同じくらいに眠ることが重要なのだ。

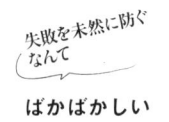

ちなみに、眠りの質を上げるためには、闇の中で寝て、朝日とともに起きること。23時を過ぎたらスマホの凝視をやめ、できるだけ0時までに床に入ろう。真夜中の電子画面の凝視は脳と心と体に大きなダメージを与える。

人類は何万年も、網膜に当たる光の強弱で、脳を進化させてきた。網膜が光刺激から解放されると、せっせと分泌し始めるホルモンがいくつもあるのだ。脳に進化をもたらすメラトニン、新陳代謝のホルモン群、生殖ホルモンなどがそれに当たる。

つまり人は、闇の中で、頭がよくなり、骨や筋肉をしなやかに進化させ、男力女力をあげていくのである。

手のひらに入るような小さな画面の中に、輝度の高い画素が何十万も詰まっていて、それが高速でスクロールされる。人類が、そんな視覚刺激にさらされるようになったのは、ここ20〜30年のことだ。この刺激に、人類の脳が慣れるまでには、何千年もかかるに違いない。だって、北欧人であっても、長い夜や白夜に、神経を病むことがあるという。あの地に人類が住み始めて何千年になるのだろう。太陽光線の恩恵を得るために、あんなに薄い色の瞳に進化したのに、それでもまだ、夜と昼の長さの極端さに翻弄されてしまうのだもの。

つまり、私やあなたの目が、真夜中のスマホに慣れる日はやってこない。私たちの子どもたちや孫たちだって、もちろんそう。なにせ、網膜から、脳の中心へ向かってぐっと伸びている視神経の先端を取り囲むようにして、視床下部や脳下垂体などホルモンの司令塔が鎮座しているのだ。ここは観念して、真夜中には、電子画面の電源を切ることだ。

失敗を思い返すのは、いい加減にしたほうがいい

失敗は、くよくよと思い返してはいけない。なぜなら、せっかく通電しにくくした失敗回路に、もう一度通電してしまうからだ。

失敗を、ジョークにして、笑い飛ばすのはいい。しかし、ありありと思い出して、内向させるのはＮＧだ。

たとえば、ゴルフの練習で、「前にこう失敗したから、そうしないようにしよう」と、反省から入る人がいる。これはだめゴルファーのすること。思い返しただけで、脳神経回路には、失敗したときの信号が流れる。「それはなかったことにしよう」なんていう、後からの否定は間に合わない。せっかく脳に忘れさせた失敗回路に、またまた通電させてしまうというわけだ。

特に、人に愚痴るのは、いけない。なぜなら、思い浮かべることで1回、口にすることで2回、その音声が耳から入ってくることで3回、親切な友だちが同情

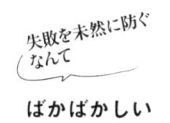

でもしてくれたら、それでもう1回、計4回も脳に書き込むことになる。失敗を告白するのなら、ぜひ、笑い飛ばしてくれる友人を選ぼう。一緒にくよくよして、さらに脳の混乱を広げるような人に言ってはいけない。

失敗したとき、いいスタッフは、「やっちゃいましたね」と笑ってくれ、善処してくれる。時には、顧客の担当者も朗らかに巻き込んで、失敗回避をみんなのイベントに変えてしまう。うまく行ったときにハイタッチしあって、とびきりいい仕事になった感さえあるのである。

デキないスタッフは、「え～」と動揺して、傷を広げる。顧客に謝りすぎて、かえって現場を混乱させもする（その間に善処しろ、である）。ビビるスタッフを使うと、せっかく沸いたインスピレーションが消えてしまうし、失敗を機に顧客と絆を深めるチャンスを奪われてしまう。

いい仕事をしたかったら、失敗にタフで朗らかな人を、傍らに置くべきだ。部下である人なら、そういう上司の下で働きたいし、子どもにとっては、親がそうであってあげるべきだと思う。

失敗にビビる親は、子をつぶす

スタッフでさえ、ビビれば、ボスの〝失敗による進化〟を阻止するのである。親が、子の失敗に動揺し、いちいち感情的になったら、どんなに悲惨なことになってしまうだろう。

幼児のスポーツ指導においても、「結果にこだわりすぎる親」がついていると、大成しないのだそうだ。

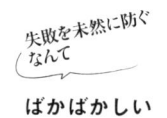

失敗を重ねないと、スポーツなんか上達するわけがない。失敗に至ったプロセスの中に成功の秘訣が詰まっているからだ。なのに、親が子ども以上に、失敗にがっかりしたり感情的になったりすると、子どもが失敗におびえて、脳がプロセス解析する余裕を失う。せっかくの失敗が、脳にフィードバックされず、身につかないのである。

成功に有頂天になるのもいけない。たとえポジティブであっても、親が感情的になれば、子はやはり集中力を失い、プロセス解析する余裕を失う。結果、成功体験も身につかない。

さらに、失敗して不機嫌になり、成功時に有頂天になられると、この落差への恐怖が、次の成功へのプレッシャーになる。脳も筋肉ものびやかには動かせないから、失敗事例が増えていく。幼いうちから、じり貧である。

成果主義と言えば聞こえがいいが、子どもの学びを阻害する感情攻撃と言い換えることもできる。

子どもの成果は、温かい目で見守って、騒がずにねぎらうことだ。失敗したら「やっちゃったね」と微笑んで、「でもよかった。今夜、あなたの脳はよくなるわよ。ゆっくり休んで」と言えばいい。

成功したら、「うん」と笑顔でうなずくくらいでいいかもしれない。「あなたが手にする大きな成功の、小さなワンステップ」くらいに表現しておいたほうが、子どももストレスが少なくなる。勝ち負けにこだわらないから、のびのびと活躍するようになる。

脳のチェーン食い

子どもの失敗におびえて、先へ先へと情報を与える親もいる。

赤ちゃんを抱いたお母さんから「英語教育は1歳からで大丈夫でしょうか。やはり0歳から?」と質問されたことがあり、なぜそんなに焦るのかと聞いたら、「だって、小学校から英語教育が始まるそうじゃないですか。時間がないです」と泣きそうな顔で答えてくれた。

「ん? だったら、小学校から始めればいいんじゃない? 小学校で、先生が教えてくれるんでしょう?」と言ったら、「だからそれまでにペラペラにしておかなくては」と息巻く。

私には、このアドバンテージ感がよくわからない。学校は、勉強を教えてくれるところであって、親の予習力を試すところじゃない。小学校1年の授業なんて、完璧に予習して行ったら、はっきり言って退屈でしょうがない。知に出会う喜びは、教室に取っておいてあげればいいのに。

先へ先へ、要領よく、脳にすべきことを叩きこんでいく。効率がいい感じがして、親は気持ちいいかもしれないが、子はたまらない。子の脳は、好奇心を感じる前に答えを与えられるのである。おなかがすく前に、次から次へと食べ物を与えられているのと同じ状態だ。それでは、食べ物が美味しいと感じられないように、出会った知が脳に与える喜びは、圧倒的に少なくなってしまう。

脳も「おなかがすいてから食べる」が正解。必要としないうちから、だらだらとチェーン食いさせていてはいけない。

失敗を、先へ先へ阻止していくことは、ありがたい親心だけど、ほんっと要らない。

ましてや、親から独立した大人までが、自分自身の過去の失敗にくよくよし、未来のまだ起こってもいない失敗をぐずぐず言うのは止めなければならない。

どうも、欧米の国々に比べ、日本は、失敗に弱いような気がする。

ある国際会議で、日本人の女性が、ヨーロッパにおけるある失敗を挙げて、

失敗を未然に防ぐなんて
ばかばかしい

「ヨーロッパの人たちは、こんなに大きな失敗をしたのに、なぜ関連プロジェクトを続けるのでしょうか」と質問したことがある。その質問を受けたフランス人とカナダ人は、最初、質問の意図がわからず、通訳の方に何度も質問した後で、こう答えたのだった。「日本人は、失敗したら、そこで終わり、と言う考え方をするようですが、私たちは、そうは考えません。失敗して経験が増えた、という考え方をします。同じ失敗は二度としないわけですから、その失敗の前よりもずっと安全だと感じます。せっかく大規模な失敗をしたのに、そこでプロジェクトを止めるのは残念です」

私は、胸を突かれた。失敗に対するスタンスが真逆なのだ。

そういえば、欧米の就職面接では、過去の失敗事例を尋ねられるという。成功事例よりも、失敗事例のほうが、その人の経験値を測れるからだ。「そんな修羅場をくぐり抜けてきたのなら、ぜひ、うちに来てください」となるそうである。

そういう風潮だから、試合中のたった一回の失敗で「メンタルダウンして総崩れ」なんて現象があまり起こらない。宇野昌磨選手のように、かえって高揚してくるのである。

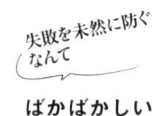

残念なことに、我が国は、昔から「羹《あつもの》（熱いもの）に懲《こ》りて、膾《なます》（冷たいもの）を吹く（吹いて冷ます）」というお国柄。たった一回の失敗の影響力がうんと強い国なのである。国際競争力を上げるのなら、このことわざから消さなきゃいけない。

それにね、人工知能と協働する時代に入ると、人工知能が、教育ママ並みに、失敗を事前に阻止してくれるようになる。若者の脳の学習機会は、さらに失われてしまうのである。ここから先、失敗は、貴重な体験になる。そんな時代に、失敗を忌み嫌っていたら、脳はセンスを手に入れられない。

失敗を未然に防ぐ、なんて、こざかしい目標を立てるから、失敗にショックを受けるのだ。「失敗を未然に防ぐなんて、ばかばかしい」。そう声に出して、言おうじゃないですか。

夢や目標を見失わない
なんて

ばかばかしい

10年ほど前になるだろうか、ベンチャービジネスブームの流れの中で、「未来の輝かしい自分」を詳細に思い描いて、イラストにして壁に貼り、毎日眺めて過ごせ、という成功理論が流行ったことがある。夢を書き込む夢ノートなるものもあった。「起業して、5年以内に年商10億。海外でも大活躍の、マスコミにも程よく登場する、モテモテの俺（素敵な私）」みたいな妄想を脳に据え置き、自分自身に成功を信じさせるのだという。

一方、私は、ビジネススクールで、自分の生徒たちに「ヒーローになるつもりなら、夢という言葉は決して使うな」と言い続けてきた。

「輝かしい自分」を思い描き、成功を信じて邁進するポジティブ思考は、脳科学的にはお勧めできないからだ。なぜなら、顕在意識が目指すイメージがその脳に合っている可能性は、意外に低いからだ。脳の特性に合わないものを目指しても、人は一流にはなれない。

ヒトの脳は、潜在意識に90％を越える脳神経回路を使い、顕在意識に使うのはわずか数％と言われている。潜在意識のほうがはるかに繊細に、かつ広範囲に脳に必要な情報を収集してくる。

たとえば、心理学でカクテルパーティ効果と言われる現象がある。ザワザワと聞こえるような雑踏音の中で、その音量よりはるかに小さな音声で、自分の名前を呼ばれても気づく、という私たちの耳の機能効果のことだ。

駅の雑踏音の中で名前を呼ばれたら、振り返れる。新幹線のホームのあらゆるアナウンスの中で自分の目的地である「次の博多行きは」だけが耳に入ったりする。

それが可能なのは、潜在意識が雑踏音の中からあらゆる情報を感知し、かつその中で自分に必要な情報だけを顕在意識に伝えてくるからだ。潜在意識が顕在意識の何十倍もの情報をキャッチし、いらない情報をフィルタリングしているからに他ならない。

ファッション雑誌を見て、「春だから流行のピンクのバッグが欲しい」と思うと、ピンクのバッグしか目に入らなくなる。しかし、もし「気持ちがワクワクするようなバッグが欲しい」と思っていれば、ピンクだけでなく、ブルーのバッグもペパーミントグリーンのバッグも目に入る。そして、それこそが、本当に自分の心を浮き立たせるバッグかもしれないのだ。

同じことがビジネスにも言える。本来勘のいい人は、大きなビジネスを手にすることができるのに、自分の思い込みで「私はこっち」と思っていたら、本当は自分の脳に合っている「あっち」は見えなくなる。

だから、顕在意識の夢、それも誰でも口にするようなステレオタイプの成功の夢、他人から見て輝かしく見える夢で、脳をロックしてはいけない。それは全方位に動けるパラボラアンテナを一方向に固定してしまうようなものだ。偶然にも、その方向から自分の脳に合った縁が飛んで来ればいいが、そうではない確率はけっこう高い。

夢を持たなければならないという強迫観念

十数年前から、10歳を「2分の1成人式」とか「ハーフ成人式」と称して、小

夢や目標を見失わないなんて

ばかばかしい

学校で将来の夢や親への感謝の気持ちを発表させたり、作文に書かせたりする行事が広まった。普通の子は、10歳で、将来の夢が描けるものだろうか。我が家の息子は、完全にお手上げ状態だった。

10歳が書ける未来なんて、サッカー選手や宇宙飛行士、パティシエやモデルがせいぜいなのでは。あるいは、親の思いを体現させたかたちで、医者とか弁護士とか。最近なら、棋士やカーリング選手もあるかもしれない。

一方で、ビジネスの現場には、「企業の経理部に入って、運用利益を計算する」とか「企業の人事部長になって、多くの人材を育てる」という、企業の屋台骨を支える重要かつ誇り高い仕事が星の数ほどあるわけだが、10歳で、そういう渋いカテゴリに触れられるとは思えない。

これは、国の職業意識教育の一環で始まったことだったが、私には、意味がないような気がしてしかたがない。

若者たちを職業に駆り立てるのは夢ではなく、「人は、働いて一人前だ」とする達成感のほうではないだろうか。

1991年生まれの息子は、保育園の卒園式で「将来、○○になりたい」と宣言させられたのを皮切りに、ハーフ成人式、小学校の卒業文集、中学校の卒業文集の計4回「将来の夢」を宣言させられた。

夢を語らなければいけない、夢がない人には将来がない、そんな意識をこの国の親子に植え付けたのは、この職業意識教育なのではないだろうか。

息子は、保育園の卒園式のとき、「将来何になりたいか」という命題に、何日も考えて、へろへろになっていた。「ママのなってほしいものになってあげる。何がいい？」と聞いてきたので、「なんでもいいよ、ゆうさんのなりたいもので。ただし、医者と弁護士だけはできれば避けて。ママのおじいちゃんの遺言だから」と応えた。私の祖父は、「わが血を継ぐ者は、医者と弁護士だけにはなってはいけない。人の醜さと対峙して生きるのには適していない血だ」と言い残して逝った。なかなか面白い男である。

3回目の小学校6年生のときには、「将来何になりたいかをよく聞かれるけれども、僕にはよくわからない。将来何になりたいか見つけるために勉強して行こうと思います」というような趣旨の作文を書いていた。

やりたいことは、夢とは呼ばない

息子は、結局、物理学徒となって大学院を卒業し、自動車設計の仕事に就いた。考えてみれば、幼い頃からミニカーが大好きで、トミカは何台買ったか数えられない。しかし、あの投資も職業意識につながったのかと思えば、安いものである。

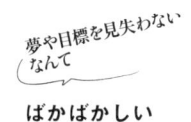

ある日、旅先で木彫りのミニカーを買って帰った私に、保育園児の彼が言ったセリフがふるっていた。「車なら、なんでもいいってわけじゃない。おいらが好きなのは、機構なんだよ。かたちじゃなくて。ドアもあかない、シャーシもない車は、もらっても意味がない」

キコウ!?と聞き返した私に、「ドアがあいたり、バンパーがついていたり、はしご車のはしごが伸びたりすることね」と教えてくれた。「あー、機構のことね」とうなずきながらも、動揺が隠せず、木彫りの車を握ったまましばし呆然《ぼうぜん》としていたっけ。あのとき、そのことばを、どこでどんなふうに仕入れたのか聞けばよかった。今となっては「覚えていない」そうである。

先生たちに強要されて、息子がひねり出した夢の中に、自動車設計のエンジニアは入ってなかったが、彼は生まれながらの機構マニアだった。機構を愛し（保育園時代にそのことばを使えるくらいに）、好きでたまらない機構をデザインして暮らしているのだもの。

これは、私と夫からの遺伝だと思う。私も機構が大好き。浜松町からモノレールに乗るときは、ホームの先頭に行って、レールの切り替えを必ず眺めてしまうくらいに。

機構マニアの彼は、しかし、一度も、「自動車を作る人になる」とは言わなかった。いつの間にか、ものを作ることを趣味にして、いつの間にかバイクをレストアして暮らすようになり、やがて、設計会社に就職していった。いわば潜在意識主導型の人生である。別名いきあたりばったり。

いきあたりばったりは、私も一緒。相対性理論に憧れて物理学科に行き、宇宙創生の謎を解く素粒子の研究室に入ったのだが、宇宙創生の謎を解いてもご飯が食べられないことに気付いて、あわててコンピュータ会社に就職。人工知能の開発チームに配属されて現在に至っている。

私は、一度も、夢や理想を描いたことがないから、一度も人生に裏切られたことがない。ただただ好奇心の赴くままに、ここにいる。

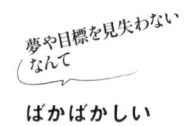

どちらへ進むべきかは好奇心が決めてくれる

しかし一方で、顕在意識主導型の夢と理想を、早くから掲げてがんばる人もいる。その場合、潜在意識の導く方向と違った場合、少し厳しいことになる。

とはいっても、親が医者だから医者に、なんていうのは、まだ楽なはず。医者の血筋に生まれてきて、その家の空気の中で育ったのだもの、きっと何とかなるに違いない。親の憧れの職業を背負って生きる、も、まだ何とかなるかも。半分同じ遺伝子の持ち主が、あきらめきれない夢なのだからね。

私が一番案ずるのは、世の「成功の法則」を生真面目に追いかけている人。「理想の平均値」なんて目指したら、そこは込み合っているので、生存競争はなかなかに激しい。しかも、自分の脳らしい生き方を選ばなかったら、人は誰しも一流になれない。

あなた自身の顕在意識の罠に落ちてはいけない。それは、自分で掲げた夢かもしれないが、他人の思考の総括としての「誇り高き、立派な夢」ではないか？　ビジネススクールの講師に褒められたくて、仲間にすごいと言われたくて目指している「他人の理想の自分」じゃないだろうか。

夢や目標は、顕在意識で立てるものじゃない。潜在意識で出会うものである。出会うものなのだから、当然、具体的なかたちをとらないときもある。どちらへ向かうべきかは、好奇心が決めてくれるから、大丈夫。

夢や目標を見失ってはいけないというアドバイスは、進むべき道がわからなくなって蛇行したり漂流したりしてしまうことを阻止するためにいうことばなのだろうが、私に言わせれば、「夢や目標を見失ったら、向かう方向がわからなくなってしまう脳」のほうに、そもそもの問題がある。

夢や目標を見失わないなんて

ばかばかしい

夢見る力は失うな

夢見る力は、人生を拓くために必要不可欠の力だ。

しかし、その「夢」は、「自分が好きでたまらないこと」「しないではいられないこと」の周辺になければいけない。たとえ、人に笑われたって、全然かまわないと思える強さと共に。

さらに、最後は、「世のため、人のため」に見るのでなければ、脳科学上意味がない。「この製品が、もっとこうなったら、人を幸せにする」という発想の夢である。

一方で、「夢語り」はしてはいけない。夢語りは、自分を素敵に見せるためにすることだ。

「夢見る力」は失うな、しかし、「夢語り」はしてはいけない。結果を手に入れるための、大事な心得である。

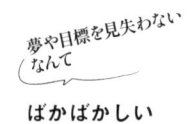

男子は夢や目標よりもテストステロン

それでは、「夢見る力」が自噴してこないときには、どうしたらいいのか。

他人が納得するような客観性の理想を掲げやすく、一度、目標を見失ってしまうと、なかなか立ち直れないのは、圧倒的に男性脳に多い。

「自分がいい思いをしたい」という強い欲求に駆られて、本能のままに動く女性脳とは正反対に、男性は、責務遂行を旨として動いている。男性脳は、責務遂行のための目標を常に探しているのである。このため、一度目標を見失ってしまうと、メンタルダウンに至ってしまうケースも多い。なので、ここでは、男性のために、少しアドバイスを。

健康な男性の下半身では、男性ホルモン・テストステロンが毎日のように補充される。テストステロンとは、勃起や射精をアシストする男性ホルモンだが、意識にも強く作用する。縄張り意識や独占欲、闘争心を掻き立てるのだという。生殖に必要なアグレッシブなパワーをもたらすわけだ。そのうえ、脳では、やる気と好奇心のホルモン、ドーパミンを増量する役目も担う。

つまり、男性脳の基本形は、責務遂行のために生きる、かなりストイックな脳なのだが、ここにテストステロンとドーパミンの意識作用が働いて、縄張りを開拓したり、戦ったり、好奇心のままに突き進んだりするアグレッシブパワーが炸裂することになる。

このため、10代から40代くらいまでの男性脳にとって、テストステロンは不可欠。どうしたって、毎日分泌してほしい。

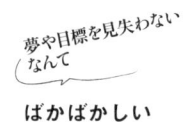

このテストステロンは、「夜に闇の中で寝て、朝日とともに起き、一日の終わりに肉体疲労がある」と、午前5時ごろに、自動的に分泌すると言われている。精神的あるいは肉体的パニックになると、突発的に分泌されたりもする。タンパク質や鉄分の摂取も大事。肉食は基本である。

つまり、男子たるもの、「夜中にスマホやゲームにいそしみ、朝はぐずぐずして、一日の終わりに、肉体疲労ではなく、栄養不足や精神ストレスでだるい状態」では、やる気も好奇心も闘争心も、自噴してこない。「夢見る力」なんて、夢のまた夢。人生じり貧から這い上がれない。

夢見る力が足りないから、他人の理想を夢にすげ替えて、ビジネススクールでちょこっと褒められるようなことに人生をかけちゃうことになる。

男性は、まずはテストステロンをしっかり出すべき。生活習慣をしっかり変えてほしい。そうじゃなきゃ、この本を読む意味もない。

輝かしいキャリアを手に入れるなんて

ばかばかしい

1999年から2013年までの14年間を、私は「自己愛の時代」と名付けている。

脳には、7年で飽きる性質があって、大衆全体が同じ現象を見聞きする現代では、世界中が同じ現象に夢中になって、7年後に一斉に飽きていく。この原理を使って、弊社では、流行の近未来予測をしている。

自己愛の時代の申し子たち

1999年から始まった、自己愛の時代は、最初は「自分探し」「癒やし」ブームから始まった。1999年までは、競争の時代。グローバルを目指し、ガリバーを目指し、世界中の国や企業が、「大きな仕組みの中の第一シェア」を目指して邁進した時代である。競争に疲れ果てた人々が、「ナンバーワンにならなくてもいいいんじゃない？」と言い出した。

ナンバーワンにならなくていい、一人一人が大切なオンリーワン。ね？　あの

輝かしいキャリアを手に入れるなんて

ばかばかしい

とき流行ったあの歌は、あの時代の気持ちを本当に如実に表していたのである。

私は、「オンリーワンになるのもけっこう大変だよ〜。新しいフィールドを開拓しなきゃならないんだから」とちゃちゃを入れたけど、誰も返事さえしてくれなかった。まじ、感動していたのである。

「自分探し」に「癒やし」に「ロハス」「自然派」「植物派」「自己実現」。時代のキーワードは、「グローバルビジネス、競争」から「一人一人の暮らし、共感」へと移っていった。

そんな中、企業教育では、「自分らしい働き方を考える」セミナーが大流行。入社間もない若い社員たちに、「3年後の自分」「5年後の自分」「10年後の自分」を描かせて、ライフデザインをさせていた。

「素敵な自分」「輝くキャリア」がキーワード。個々の「私」に光を当てる時代が企業教育にまで影響を与えたのである。

「会社や国が要とする人材」を慮って、そういう人材になろうと努力する時代から、「素敵な自分」を実現するためのステージが会社、と考える時代の到来である。

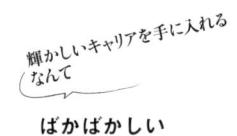

私はここでも、各社の人事部に苦言を呈した。――「自分」にスポットライトを当てるのはとても危ない。自分が世界観の真ん中だと、自分の失敗が世界の崩壊になってしまう。ちょっとした失敗で心折れていくことになるよ。「社会」や「会社」や「技術」など、他者にスポットライトを当てている人は強い。自分が失敗しても、世界は揺るがないから。

私自身は、「グローバルビジネス、競争」の時代に社会人人生の刷り込みをされたので、「素敵な自分」という考え方は一切ない。「日本初かつ日本発のＡＩモデルを構築する使命」というのが、私の心のスポットライトの当たっているものだった。光が自分に当たっていないので、失敗しても何ら恥ずかしくもないし、苦しくもない。心の真ん中に燦然《さんぜん》と輝くビジネスの使命は、変わらず輝いているからだ。「まだまだだなぁ」と、しみじみとつぶやくくらいだった。

一方、時代や勤め先から「素敵な私」を意識させられちゃった世代は、自分にスポットライトが当たってるので、失敗の脳内での比重が重く、かなりショックな出来事になってしまう。しかも、周囲に刷り込まれた理想像が、自分らしい理想像じゃない場合もあって、違和感を覚える人も少なからずいたようだ。

しかし、会社は「素敵な私」や「輝くキャリア」を支援しようと、出産育児制度を充実させ、管理職の女性枠も広げた。マスコミは、美人で、頭がよくて、学歴も高く、そつがないキャリアウーマンをこぞって持ち上げる。その要素を幾つか持つ者は、当然のごとく、「輝かしいキャリアを手に入れる！」という目標を掲げることになったのである。これが自己愛第一世代。

２００６年以降は、働く女性のモデルケースになってしまった「輝くキャリア」の「素敵な私」を、多くの女子が目指すことになった。本来なら成果主義の男性たちも、これに巻き込まれていった。これが自己愛第二世代である。

自己愛世代の申し子たち（１９９９年から２０１３年に社会人デビューした世代）は、かわいそうに、ある意味、ストレスフルな時代を生きている。

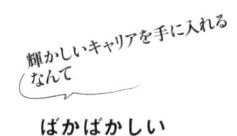

いい子ちゃん症候群

私は、ときどき、才能にも知性にも、美しさにも恵まれている人たちから、

「生きているのがつらい、苦しい」と相談を受けることがある。

そういう人たちに共通しているのが「美しくて、若々しくて、センスがよくて、頭もよくて、英語も堪能……」といった世の中の理想像に加え「いい人で、みんなに好かれる優等生」といった、ほとんど存在し得ないような目標を掲げているように見えるところ。

本人のレベルもとても高いのだが、目標のレベルはもっと高い。当然、自分にスポットライトが当たり続けているので、自意識が強くなりすぎてしまうのだ。時代の追い風を受けた10数年前はまだしも、今や誰が強要しているわけでもないのに、勝手に驚くほど高い目標を掲げて、そこにたどり着けない自分を嘆き、空虚感にさい悩まされている。

いい子ちゃん症候群が、止まらないのである。

自己愛の鏡を捨てなさい

輝かしいキャリアを手に入れるなんて

ばかばかしい

もしも、あなたが、そんなジレンマを抱えているのだとしたら、どうしても伝えたいことがある。「自分にスポットライトを当てないこと」。

「素敵な自分になりたい」という目標には、終わりがない。自分があるところまで到達すると、自分より素敵な人が目に入る。脳がセンスアップすれば、必ず、新しい視野が啓《ひら》けるので、到達満足度が得られない。見果てぬ夢を見ているような、疲労感に襲われてしまうだろう。

「颯爽《さっそう》と仕事をするキャリアウーマンになりたい」とか、「できるビジネスパーソンになりたい」など、〝なりたい自分〟にスポットライトを当てている人は、他人からの評価を存在意義にしている。

だから、失敗したり、人から叱られたりすると、「こんなに努力しているのに、認めてもらえない」と自分を責め、とても苦しくなってしまう。自分自身が全否定されたように感じて、一気に世界が崩れてしまうのだ。

しかし、研究者が「世界一の人工知能を作りたい」とか、編集者が「徹夜してでも読みたくなる本を出したい」とか、営業マンが「難攻不落のお客様を落とせる企画書を作りたい」とか、それぞれが、その興味の対象やプロフェッショナリティに光を当てておけば、失敗したり、挫折したりしたときに、「まだまだやれることがある」と思えるはず。

自分ではなく、上司やお客さまといった相手にスポットライトを当てられる人は、叱られたり、クレームを受けたりしても、「自分は何を読み間違えたのだろう」と客観的になれる。

他人本意の人（プロフェッショナリティや顧客にスポットライトを当てる人）は、生きるのが楽なのである。自分を責めなくてすみ、カッコつけなくていいからだ。

ここ10数年で「自己愛の鏡」を持った人は大量生産されてしまった。時代が持たせてしまったのだもの、本当にお気の毒。

お気の毒だが、自分で脱出しないと、このまま脳の完成期を迎えて、自分を変えられなくなってしまう。

お手本は、男女雇用機会均等法前の男女。２０１８年時点で57歳以降の、自分のことより、社会や会社のことを考えて突進してくるキャリアおばちゃまたちを

輝かしいキャリアを手に入れるなんて

ばかばかしい

観察してみればいい。自己愛もなければ、自己反省もしない。ちょっとがさつで、朗らかな人を。彼女たちの多くが、「素敵な私」や「輝くキャリア」なんて意識したことがない。男性も、ここは、おばちゃまを観察したほうがわかりやすい。

「素敵な私」「輝くキャリア」を意識すると、他人から見て素敵な人になりたいし、やさしい人になりたくなってしまう。他人の目で自分を見ると、ここまでの章で述べてきた「ばかばかしい」をすべて踏襲してしまうことになる。つまり、前向きに生き、失敗を未然に防ぎ、夢や目標を見失わず、輝くキャリアを身に着ける……という生き方だ。

「輝くキャリア」なんてばかばかしい、と、いったん、その視点を切り離してほしい。キャリアが欲しいんじゃなくて、やりたいことをやりたいだけ、と。

一方で、当然、やりたいことは探さなければならない。好きでたまらないことを。人に後ろ指をさされても、ひるまない何かを。そう、信念と呼んでもいい。

目標が自分だと、自分が非難されるのが怖くて、人と戦えない。目標が好きでたまらないことや信念だと、人に非難されても貫ける。自分は無傷なんだもの。非難を受ける的は、自分から離したほうがいい。

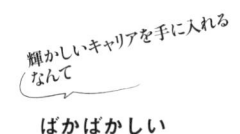

なお女性脳は、自分の気持ちを見つめやすい傾向がある。女性の脳は、感情をつかさどる右脳と論理的思考をつかさどる左脳をつなぐ脳梁が男性の脳よりも太く、感じる領域の出来事が、男性の数百倍も顕在意識に伝わるので、つねに自分の気持ちを強く感じながら生きている。

つまり、いい意味でも悪い意味でも、ビジネスのシーンの中で自分にスポットライトを当てやすい。だからどうしても、「自分はちゃんとできているか」とか、「人にどう思われるか」など、人からとやかく言われるのが怖いという感情が強く働いてしまいがちなのだ。

女性が社会で活躍するためには、そこを鈍くする必要がある。他人にとやかく言われるのを恐れないで。

まずは何かのマニアになろう

恐れる心に、恐れないで、と言っても無理なのは私もわかっている。

なので、まずは、何かのマニアになろう。

好きでたまらないものを決めるのである。

最初は、必ずしもプロフェッショナリティにかかわらないものでいい。脳にマニア癖を付けると、やがて仕事にかかわるマニアポイントを見つけ出せるから。

マニアの本質とは、「好きでたまらない」「私にしかわからない独自の視点を持っている」と思えること。それは小さなものでいいし、些細なものでもいいし、オタク的な趣味でも、家事でもいい。

要は、他人に自慢できるものである必要は全くないということ。むしろ、輝かしく見えるキャリアは、キラキラしすぎて、潜在意識が伝えてくれる自分の脳が本当に行きたがっている場所を見えなくしてしまうこともあるので、要注意。他人に羨ましがられる必要は毛頭ないが、他人にしゃべったら、きっと面白がってくれると思える視点は確保することだ。

たとえば色鉛筆マニア、バナナマニア、空き瓶マニア……なんだっていい。「コンビニで売っているチョコレートはすべて網羅」のコンビニチョコマニアなんて、女子にとってはかなり魅力的。「コンビニで買える、フレッシュなチョコランキングなら任せて」とか、「ロンドンのコンビニでは今」、なんて言われたら。誰だって耳を傾けたくなる。

お手本は、『マツコの知らない世界』というテレビ番組に登場する案内人たち。それぞれの対象は、ごく平凡なものであったとしても、その好きを、時間もお金も手間も暇もかけて極めた人の話は実に面白い。

私の言うキャリアの本質はこの感覚にぴったりはまる。何か一つを突き詰めていけば、その人の話は必ず面白くなるし、人生は楽しくなる。

そして、一つの「好きでたまらない」を究めれば、マニア脳になれる。マニア脳になれば、仕事につながる「好きでたまらない」が見つかるようになる。○○なんて自慢にもお金にもならないから、なんて除外してたらいつまでもマニア脳になれないのである。

これからのＡＩ時代に生き残れるのは、誰もが納得する想定内の答を、誰よりも速く、正確に出せる秀才よりも、こちらのタイプ。お金を稼げるのも、こちらだと私は確信している。

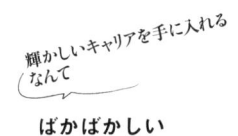

嫌悪することを決めなければならない

そして次に、「嫌悪すること（許せないこと）」を決めることだ。「好きでたまらない」も「嫌悪すること」も、「潜在意識が気になってたまらないもの」。その周辺に必ず、ビジネスチャンスがある。

スティーブ・ジョブズは、配線だらけの醜いコンピュータを許せず、伝説の一体型コンピュータ『アップルⅡ』を作り出した。それまでのコンピュータは、処理ブロックごとにいくつかの箱に分かれており、醜い配線がそれらを繋いでいた。ジョブズは、「この醜い箱を自分の部屋に置くのは許せない、どうしても使えというのなら、美しい文房具としてのコンピュータを作ってみせる」と言ったという。このセリフがそっくりそのまま真実かどうかはともかく、この『アップルⅡ』が、パーソナルコンピュータ、いわゆるパソコンという言葉を生んだのである。

ココ・シャネルは、無意味な装飾でいっぱいなファッション（羽、花、果物まで飾った1900年ごろのパリスタイル）に辟易《へきえき》して、マニッシュスタイルやリトルブラックドレスを生み出したモード界の革命児である。

世界中にミニスカートブームが到来したとき、テレビのインタビューに答えて「大人の膝は汚い。大人の女性は膝を見せないのがエレガント」と答えている。周りがどんなに時代遅れだと言おうと「40歳から女は本当の女になる。私は、恥じらいを持ったエレガンスを、本当の女のために、戦い、守る」と、自分が信じるエレガントなスタイルを貫き通した。

襟なしのショートジャケットに、膝丈のスカートを組み合わせたシャネル・スーツは、今でも不動のエレガンス・スタイルだ。

スティーブ・ジョブズも、ココ・シャネルも、崇拝を集めたものの、いわゆる愛されキャラとはほど遠い。かなりエキセントリックで、伝記を読む限りでは、

輝かしいキャリアを手に入れるなんて

ばかばかしい

けっこう嫌な人として表現されている。

それでも、時代を動かし、新しい風を世界中に吹きわたらせたこの二人を、私は心から敬愛する。多くの人がそうであるように。

人は、愛されるか、憧れられるか、そのいずれかを選択せざるをえない。人間の脳の構造上、どちらもは追えないのである。

愛されて、素敵な私になり、輝かしいキャリアを手に入れる人生か、信念のために愛する者にも苦言も呈し、どこまでも突き進む人生か。

前者を選んだならば、どこかで身の程を知る必要があり、後者を選んだならば、自己責任で、どこまでもいけばいい。誰のせいにもできないが、清々しさはある。

私は後者を選んで、人生を楽しんで生きている一人として、とりあえず言っておく。「輝かしいキャリアを手に入れる」なんて、ばかばかしい。

年よりずっと若く見える
なんて

ばかばかしい

「前向きに生きる…」の章にも書いたのだが、VIP級キャリアウーマンに美魔女はいない。20代や30代に見える50歳は、どんなに褒めそやされようとも、ビジネス上では不利だからだ。

私はコンサルタントだから、5歳でも若く見えてしまうと値段が下がる。社長よりも歳上に見えると、値段が上がる（微笑）。

50歳で一見20代のように見えると美魔女と言われるが、本物の20代の瑞々《みずみず》しさは望めない。年齢不詳で経験知が見えないから信頼も得られない。「年よりもずっと若く見えること」にいいことなんてない。美魔女に憧れる人は、一体どこに向かっているのだろうか。

これは、女性だけではなく、男性だって同じ。こんがり焼けた肌に細マッチョな肉体。豊かな髪に爽やかな笑顔の60代なんて、郷ひろみひとりで十分。あれはヒロミ・ゴーという商品だからゆるされるのだ。

経験知を感じさせる容姿こそ宝

私は若き日に職場で悔しい思いをしたことがある。プロジェクトの未来戦略について、私の職業人生をかけて提案したのに、ほとんど聞いてもらえなかったのだ。でも、悔しいのはそのことじゃない。その翌月、50代の女性ジャーナリストがコンサルタントとしてやってきて、私の言ったことのほんの触りを言って帰っていった。その発言に、直属の上司からトップの経営陣に至るまで、いたく感動して、何度も訓辞を垂れたのである。曰く、「やはり、女性の感性には、一目置くべきものがある」。

その前月に、私が全く同じ言葉を使い、同じことを提言したのに、である。しかも、具体的な展開案までついていたのに。そのときは、すっかり憤慨してしまったのだが、今ならわかる。要は「回答」ではないのだ。どの「経験知を通して出てきた回答」なのかが重要だったのだ。

ビジネスの現場には、「たった一つの正解」があるわけじゃない。正解は複数あるかもしれないし、ないかもしれない。何が正しいのかわからない以上、「どの回答なのか」よりも「どの経験知をもって出した回答なのか」が最重要なのである。

私はもうすぐ還暦を迎えるが、若い頃にはそんな歳の自分を想像すらできなかった。

還暦なんて、完全なおばちゃんで、恋もせず、仕事もせず、老後に向けて人生をどう収束させていくか、その準備に入る年齢……みたいな。

でも実際になってみたら、全く違っていた。

気持ちは14歳のまま。瑞々しくて、朗らかだ。なのに、容姿は、50代男子も一目置くマダムぶり。

今、年齢のままに見える容姿のおかげで、人生の居心地は格段に良くなった。

経験知を重んじる熟年世代はもとより、70年代も80年代も知っている私の発言に、

年よりずっと若く見えるなんて

ばかばかしい

若い人たちも耳を傾ける。

仕事で言えば、この世に携帯電話すらない時代からの機械語を知っているＩＴエンジニアで、お母さんという立場で言えばすでに卒業生で、お嫁ちゃんと仲良くしながらおばあちゃんになる準備をしているし、趣味のダンスは40年も踊っていて、「往年の元チャンピオン」の無名時代から知っている。

この世の森羅万象のほとんどを、自分の人生のどこかに重ねて、心を込めて語ることができる。どんな殺人事件をも、自分の人生経験になぞらえて解いて見せるミス・マープルみたいに。

コンサルタントとしては、やっと佳境に入った感があるし、息子もお嫁ちゃんも、何かに迷ったら、「ハハに相談してみよう」とやってくるし、全然退屈しない。

若さや美しさを売りにしようと思うとアップアップだけど、年齢を重ねたこと、経験知のあることを売りにすれば、やっと始まった感がある今日この頃だ。

42～43歳の頃だったか、一回り年上の女性の友人から、「40代はいいときね。でも、50代はもっといいわよ。40代はバラだけど、50代は大輪の牡丹よ。もっと花が大きいの」と、言われたことがあった。その言葉に、50代後半に入って、本当に心から賛同する。

同様に、男性たちからも「50代は、本当にいいとき」という言葉を聞く。することなすこと腹に落ちて、間違いがない。気持ちがいい、と。その上、男性には第二のモテ期というのがあって、それが50代の半ばだそうだ。女たちは、成熟した男の余裕が、けっこう好きなのである。

成熟した女たちも、案外年下の男子に憧れてもらえる。若い人たちは、人生経験が深い、かっこいい大人に「あなたが一番」と言われたら、本当に誇らしい気持ちになるらしい。確かに、20歳そこそこの女の子に「あなたが一番」と言われたら、嬉しいだろうが、自信にはつながりにくい。「どれだけ世界を知っての一番なのか」ってね。

あるいは、年上の女や男に、揺るがない音声で「あなたなら、大丈夫」と言われたら、本当に安心するらしい。若い人たちは男女共に常に不安だし、いくつになっても男性脳は、安定するということがない。「大きな世界」を感じる脳なので、いくつになっても不安なのだ。だから、大人の女の「大丈夫」は心に響く。

50代になると、生殖が目的じゃなくなるから、恋のかたちは本当に自由。「大丈夫」と言ってハグしてあげた相手が、何度も会いに来るなら、それも「恋」と呼んでもいいんじゃない？

そんな境地にたどり着くのも、50代に全ての脳が、その人の生きる環境において、自分自身のやり方をしっかり確立して一家言持つようになるからだ。本質を知るようになり、決断が格段に速くなる。これは脳科学で証明できる。

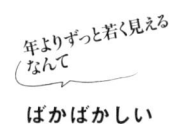

ロマンは、不安と共にある

ちなみに、こんなに50歳以降の人生を賞賛すると、若い読者の方にとっては、あまりにも遠い道のりで、がっかりしてしまうかな？

もちろん、そんな必要はない。どの年齢にも、その年齢にしか感じられない高揚感がある。高揚感と同じだけの悲しみや苦しみもあるのが若いときの特徴だけど、それこそがロマンを生み出す。「不安」を感じる回路は「わくわく」「どきどき」も感じやすい。神経回路が不安定だからこそ、人生はジェットコースターのようになる。若いうちはそれを楽しめばいい。

ヒトの脳を装置として捉えると、脳の最初の28年間は、著しい入力装置である。前半14年は感性記憶力、15歳から始まる後半14年は単純記憶力のピーク。単純記憶力は、新しい情報を多く受け止め、長くキープする力。この14年間が、勉強や仕事の修業の最大の好機なのだ。

「単純記憶力」と言うけれど、結果手にする知見は単純じゃない。多数の経験を長く並べておけるので、そこから共通項をくり出し、抽象的な知見を創生できる。暗黙に伝わる技やセンスを身につけることが可能なのである。

この14年間に、脳は世の中のありようをつかみ、「生きる力」を蓄える。比較的抽象的な枠組みを創生するので、何かをするよりがむしゃらであることが何よりも大事なのだ。何かにがむしゃらになっていれば、30歳を過ぎてから、何にだってなれる。

目標に固執して、ウロウロするのは時間がもったいない。企画がやりたかったのに、営業に回されたとしても、まずは営業で走り回ってみるべきだ。もちろん別のチャンスがあればつかめばいいのだが、チャンスもないのにフリーターになるのは、脳科学的には奨められない。28歳までは、あれこれ言わずに好奇心に駆られたこと（それがなければ先達にしとけと言われたこと）に、がむしゃらになるしかない。とにかく入力だ。

しかし、入力機能に偏るこの時期、出力性能は意外にプアだ。脳はまだ自分が何者かを知らず、その人にしか言えない深い一言だとか、誰も考えつかないアイデアとかはなかなか出せない。でも大丈夫。誰もが思う妥当な答えをちゃんと出せるかどうかが、この年齢に求められることだ。

脳のピークは56歳。そこからまだまだ面白い

次の28年間、脳は神経回路の優先順位をクリアにしていく。

私たちの脳には、天文学的な数の脳神経回路が入っている。必要なときに、必

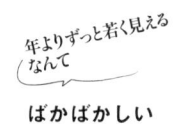

要な回路にだけ素早く電気信号が流れるようにしていく時期だ。その方法は、毎日の暮らしの中で、失敗を重ねること。失敗に使われた回路には電気信号が流れにくくなり、成功して嬉しい思いをすれば、その逆のことが起こる。

この脳の書き換えは、生まれたときからずっと続いているのだが、脳が著しい入力をやめる28歳から、より劇的になっていく。言い換えれば、脳が個性を作っていく時期だ。脳は失敗によって、いらない回路を知ることで、「本質を見極める大事な回路」を知るようになる。

つまり、センスがよく、発想力があって、頼りがいがあって柔軟な脳になるためには、失敗を重ねなければならない。

30代は失敗適齢期。選択肢だけは山ほど浮かんできて、選ぶのに迷うし、選んだ後もまだ迷う。しかも失敗する確率が高いから、実に苦しい。でも、失敗したら「しめた。これで脳がよくなった」と思おう。

そうこうするうちに、いらない回路に信号が行かなくなるので、「もの忘れ」が始まる。もの忘れは、脳が進化していくうえでの大事な機能のひとつ。もの忘れが始まると、生きるのがものすごく楽になる。

年よりずっと若く見えるなんて

ばかばかしい

40代は、もの忘れが進むと共に、惑いが消え、成功事例が増えて、比較的幸せな10年間を過ごす。

そして、その果てに56歳、脳の完成期がやってくる。出力最大期への突入だ。連想記憶力と言われる能力が50代半ばから最大になる。これが、本質を見抜く力。十分に失敗を重ね、本質の回路だけが残った脳は、何をしても「腹に落ちる」という時期がやってくる。

60代になると、本質を知る回路の抽象度が上がって、直感の領域で本質を感じるようになる。だから、相手は人間でなくても本質を見抜くのだ。野に咲く花にも、人生の真髄を教わるような達観の域に入ってくるのである。

60代、70代は旅と習い事の好機。初めての街に降り立っても、その街の本質がストンと胸に落ちる。文化の担い手になるのもこの年代だ。

脳を知れば知るほど、60代になるのも、70代になるのも楽しみで仕方ない。

年よりずっと若く見えるのも、実際に若返るのも、私は絶対に嫌だ。

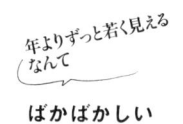

「マダム」という言葉が持つ概念

先日、イタリアのデザイナーズブランドのスタッフの女性と話をしていたら、「スィ マダム」と返事をされて、胸がきゅんとなってしまった。他の女性には、「シニョーラ」を使っていたのに。「マダム」という呼びかけには、特別の雰囲気がある。年齢をいいかたちで重ねたものだけに与えられる称号のような。

ところで、フランスやイタリアなどを訪れて感じるのは、大人の女が本当に格好いいということ。パリやミラノといった都会を闊歩するエグゼクティブはもちろんだが、地方に住む、胸回りも腰回りも堂々とした女性たちも魅力的だ。彼女たちは皆、敬意を込めて「マダム」と呼ばれる。日本は、見え透いたお世辞で「お嬢さん」を使うが、20歳を過ぎた女がフランスでマドモアゼル、イタリアでシニョリーナと呼ばれたら、それはかなり軽んじられている。

日本には、「マダム」に相当する言葉がない。言葉がないということは、概念もないということだ。「マダム」たちは、しわがあり、白髪があり、ちょっと（?）太めだったり、痩せぎすだったりする。でも、背筋がすっと伸びて、立ち居振る舞いが颯爽としている。そして好奇心を失わない生き生きとした表情が、実に若々しい。

フランス大統領夫人、ブリジット・マクロンやイギリスのメイ首相、ドイツのメルケル首相、元駐日大使のキャロライン・ケネディ女史は皆、最上級の「マダム」だ。目指すべきは、美魔女じゃなくて彼女たち。

日本でも「マダム」が使われる日が来るといいね。

ぐずぐずしない
なんて

ばかばかしい

イタリアのことわざに「明日やれることを今日するな」というのがある。最初は、さすがスローライフ王国イタリア！と思ったけど、ある日ふと気がついた。わざわざこんなことわざがある以上、意外にせっかちなんだろうな、イタリア人。と思ったら、やはり、マンマ・イタリアーナは、一日中せかせか動いているらしい。

なにせ、スローフードなので、料理に時間がかかる。しかも、料理のたびにコンロを磨き上げるという。また、火山国イタリアはあまりに硬水なので、洗濯した綿製品を日本みたいにそのまま乾かすとバリバリになるらしい。このため、洗濯機から出した下着やデニムにアイロンをかけるというから、洗濯にも時間がかかる。

イタリア語では、職業を聞かれて、Casalinga（カサリンガ）という答え方がある。Casa は家のことで、Casalinga は家事のスペシャリストという意味だ。主婦と訳されるけど、もっと専門性を感じさせるワードである。自分の社会的な職業の前に、これを付ける人もいるくらい。私なら、Casalinga e Scrittrice（カサリンガ エ スクリットリーチェ、家事スペシャリストで作家）（人工知能研究者は、私のつたないイタリア語では内容を説明するのが難しいから、イタリア人に自己紹介するときは割愛)。

さて、果てしないタスクから自分を開放し、ゆったりした時間を確保するためのことわざを、私は、ときどきつぶやいている。「これは、明日やりましょう♪明日できることを今日するな」

なぜなら、ぼんやり時間は、脳に不可欠だからだ。ぐずぐずしたいときは、もしかすると、脳が立ち止まってほしいのかもしれない。

脳の声は、ちゃんと聴いたほうがいい。

ぐずぐずは脳にいい

実は、「ぐずぐずしているとき」、脳にいいことがたくさんある。

「ぐずぐず」には2種類ある。前者は、すべきことを、やらなきゃ、やらなきゃ、と思いつつ、結局やらずになんとなく消えてしまう「ぐずぐず」。後者は、「ああ

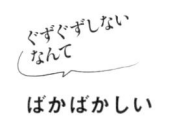

でもない、こうでもない」と、思いを巡らし、何かを決めたり、行動したりする段取りをあれこれと想像し、妄想し、ぼんやりし、すぐに行動できない場合の「ぐずぐず」だ。

「脳にいいぐずぐず」は、後者を指す。「早く、すぐやる」の反対語であり、いわゆる想像力、物語力というものだ。「これをしたらああなって、こうなって、結局そうなるよね」「あれをしたら、こうなる。じゃあ、あの段取りの前にこれをしておかなきゃ」といった想像が膨大すぎて、傍目には、ぐずぐずして要領を得ない人に見える。

一般的に、仕事を頼まれたり、意見を求められたりした際に、素早く、正しい答えを出せたほうがデキル人だと思われがちだ。

しかし、「早く、すぐに、正確に」が自分のウリだという人は気をつけたほうがいい。だって、これこそが、ＡＩの得意分野だからね。10年後には、あなたの仕事は、全部ＡＩに奪われているかもしれない。

これは私の実感なのだが、ぐずぐずして見える部下ほど、やがていい仕事をするようになる。ときどき、私が言ったことに「あ～」と「ん～」なんて言って宙を見つめている部下がいる。このタイプは、なかなか納得しないので、手がかかる。ぐずに見えたり、がんこに見えたりすることもあるけれど、好奇心と集中力があるのなら、大丈夫。手をかけただけのことはあるのだ。何年か後には「この設計モデルには、バランスが悪いところがあります」なんて核心をついてくる。そこまできたら、何をしても的確で早い。問題があるとしたら、できすぎて、独立しちゃうことくらい。

無駄な妄想が多すぎる若いときのぐずぐずは、年を重ねるにつれ、その妄想力、物語力が、次第に本質のものになってくる。だから、文脈を紡ぐためのぐずぐずは、若いときほどしなければいけないと思っている。

ぐずぐずする時間が育む脳の物語力

ヒトがぐずぐずしているとき、脳の中ではある力が育まれている。それが「物語力」だ。

いかなるときもぐずぐずせず、反射神経で即断即決、テキパキと物事を片付けていたら、物語力は身につかない。「これをこうして、あれをああして。あ～でも、そんなことをしてたらこうなっちゃうかな。それに、あの人にこんなこと言われちゃうだろうしな～」なんてぐずぐずぐずぐず考えられるのは、物語力があるからなのだ。

物語力がない人は、あれこれ考えないからどんどん行動できる。そのかわり、そういう人は物語が紡げないので、作文を書いてと言われても書くことができない。

したがって、ぐずぐずする最たる職業が作家だ。ある年輩の記者の方がこんな話をしてくれた。あるとき喫茶店でコーヒーを飲んでたら、隣の席で平謝りしている男性がいた。よく見たら松本清張だった。締め切りが大幅に遅れたらしく、こんな大先生でもそうなのか、と、ちょっと気が楽になったと。

大先生たちのぐずぐずぶりは格が違う。10年かけて物語を書いていたりするのだからね。物語力がある脳はぐずぐずする。だから、もうどうしようもなく、ぐずぐずしているときには、「今、物語力の回路を増強しているのだ」と思ってしまおう。

物語は、単なる事実の説明や数字だけを羅列した議論を聞くのと違い、そこにストーリーがあることで、聞く人の興味や共感、協調を引き出すことができる。最近気づいたのだが、ぐずぐずが得意な私の脳は、この世を、お芝居を楽しむように楽しんでいるようなのだ。ある事象について自分に起こっていること、というより、舞台の演出のように感じるのである。お芝居には「うまくいかないこと」が重なり合って、物語を盛り上げる。

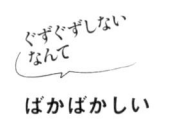

「生まれつき容姿も性格も、頭も良くて、家族にも恵まれ、仕事もうまくいって、大好きな人と結婚もして、幸せに暮らしました」なんて話はミュージカルにはならないでしょう？　うまくいかないから恋は盛り上がる。うまくいかないから、成功は輝く。うまくいかないことは物語の大事なファクターなのである。

いつも何でもテキパキ片付けて、そつがない人はすごいとは思うけれど、魅力や面白みには欠ける。淀みない完璧なスピーチなんて心に残らない。口ごもったり、慌てたり、間が空いたり。そんなブレは、その人らしさを印象付けるチャーミングな臨場感だ。

早くやると、自分の首を絞めるという現実

ここからは脳の話ではないのだが、今の日本は「早く、すぐやる」が行きすぎているようにも思うのだ。

たとえば、昨今、仕事のキツさで話題になっている宅配便業界。日本全国、ほ

とんどの地域に翌日には到着する。Amazonの即日配達からクロネコヤマトが撤退する前、我が家には、朝頼んだ荷物が午後3時には届いていた（！）。

便利だし、本当にありがたいサービスではある。が、そこまで早く届かなくてはならない荷物が、それほどあるとは思えない。もし3日かかりますと言われれば、みんなそんなものだろうと納得していたはずだ。しかし、一度でも翌日に届くことを経験すると、届かなければそれは宅配便業者の落ち度として扱われ、当然のように不満を抱かれてしまう。

「早く、すぐやる」人は仕事が増える。それが世の法則だ。

私の「早く、すぐやる」の代表選手のような友人が、新入社員のときに同僚の男子を殴ってしまった事件があった。

ＯＪＴ（オン・ザ・ジョブ・トレーニング）で、簡単なプログラミングを男子と二人で半分ずつ分けた。彼女が終わっても、彼は全然できていない。だから、また半分に分けた。つまり、75％を彼女が担当した。さらに、彼女がそれをやり終えても、彼はまだほとんどできていない。で、残りをまたさらに半分に分けた。

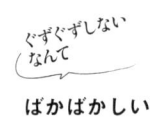

ついに、ムカついた彼女が、「どうしてやらないの?!」と聞くと、悪びれずに「僕やってます」……と、彼が答えた瞬間に、グーで殴っていたらしい。その翌日、彼は会社に現れず、彼女は「グーで殴るのはダメです」と上司に叱られたのだそうだ（笑）。

つまり、早く、すぐにやる人は、すぐに終わらせることで自由になれるわけじゃない。持ち時間は全部働くわけだからね。それも一生。

これは、誰にでも言えることなのだ。早く、すぐできる人ほど、ちょっと遅くなると、「どうしてすぐにやらないの？」と責められる。ゆっくりやる人なら、「もうできたの！　えらい」ということになる。実に不公平だが、そういうものなのだ。

ちなみに、人間はやらない理由を言うときが一番クリエイティブらしい。私自身、今すぐ原稿を書かなければいけないときに限って、推理小説を読んだりする。「やっぱりことばはインプットしないと出てこないよね」なんて言いながら。

「今日は原稿を書く日だからって、家事ぜ〜んぶパスしたんじゃなかったの？なぜ、ごろごろしてるわけ？」と夫に言われて「ちょっと私のことばの泉を刺激するために」と答えたりして、確かにすごくクリエイティブ。言い訳が一番名言だったりする。

今、目の前のやるべきことから逃げる理由を必死で探している。そう考えると、人間って、本当に勤勉だ。

脳に悪いぐずぐずは、キッパリ治そう

ちなみに、脳に悪い「ぐずぐず」は、ほとんどの場合、栄養不足。それと、ものの考え方。

やろうやろうと思いながらも、腰が上がらない。なんだか、効率が悪い。この実感に、「最近、好奇心がわかない。集中できない」が加わったら、これは、悪いぐずぐず脳である。それには、言い訳をせず、対処しなければ。

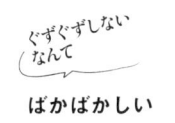

脳内神経信号を制御している脳内ホルモンは、その材料が、動物性アミノ酸、ビタミンB群、葉酸。さらに、神経信号を減衰しないように守るのがコレステロール。神経信号は電気であり、そのエネルギー源はブドウ糖である。脳に酸素を運ぶのは鉄、それが酸化しないようにアミノ酸がコーティングしている。

これらの栄養素が不足すると、脳はしっかりと電気信号を送れなくなり、「考えがまとまらない」「言われたことの骨子がつかめない」「やろうと思っても、途方に暮れる」ことになってしまう。

復習しよう。ぐずぐず脳にしないために不可欠なのが、アミノ酸、コレステロール、ビタミンB群、葉酸、鉄、ブドウ糖。これに、血流をよくする魚由来の脂肪酸EPAが加われば完璧。ちなみに、脳みその6割が脂でできていて、うち50%はコレステロールである。油抜きダイエットは、ぐずぐず脳を作り出すので要注意だ。

アミノ酸、コレステロール、ビタミンB群、鉄は、主に肉類に含まれるもの。EPAは魚、葉酸は緑黄色野菜に。さらにこれらを運んだり、吸収させるためには、ナトリウムやマグネシウム、カリウムなどの各種ミネラルやビタミンA、C、

D、Kなども欠かせない。つまり、天然塩を使い、果物もしっかりとらなきゃね、ということになり、結局、全方位バランスよく食べなければならない。

しかし、特にぐずぐず脳の人たちは、タンパク質が足りないケースが圧倒的。肉魚、乳製品、卵をしっかり食べよう。特に卵は、脳に必要な栄養素を葉酸まで含めてすべて持っている「完全脳食」。ぐずぐず脳を治すには最適の食品だ。一日3個は食べてほしい。

ブドウ糖は、血糖というかたちで脳に届けられる。血糖は脳のエネルギー源なのである。注意が必要なのは、糖質のとり方。空腹にいきなり糖質だけをとると、いきなり血糖値が上がった後、深刻な低血糖になってしまうのである。低血糖は、ぐずぐず脳を作り出す原因の最たるものだ。電気信号を起こせないいんだから。

糖質とは、血糖値を上げる食べ物のことで、白い炭水化物（ごはん、うどん、もち、パン）、スイーツ、甘い果物などがそれにあたる。糖質は、必ずタンパク質や繊維質（野菜や大豆製品など）とご一緒にどうぞ。

特に、朝は、血糖値が下がった状態で目覚めるので、気を付けてほしい。低血糖の脳にカツを入れるために、アンパンにオレンジジュース、カステラにコーヒー牛乳……なんてやってないでしょうね？　アイスクリームを載せたパンケーキなんて、うっとりの朝ごはんだけど、どうか一緒にゆで卵も食べて。

ぐずぐず脳を治す方法については、それだけで一冊の本になってしまったくらいなので、ここでは書ききれない。詳しくは、そちらの本*をご参照ください。

健康なぐずぐず脳は、そのぐずぐず時間を自分に許そう。

ぐずぐずする自分が許せない、という人は、やっぱり他人目線を気にしているのだと思う。こんな自分を人はなんて言うだろう、って。

時間の使い方に関しても、「他人の理想」を生きる必要はない。自分の脳の声を聴き、自分のペースを守ろう。

*『「ぐずぐず脳」をきっぱり治す！　人生を変える7日間プログラム』（集英社）

友人がたくさんいる
なんて

ばかばかしい

息子の保育園の卒園式で、子どもたちが「一年生になったら」をかわいらしく合唱してくれた。一年生になったら、一年生になったら、ともだち100人できるかな。

私はつい、「100人も友だちがいたら、一人一人との関係はずいぶん希薄になるだろうなぁ。週一で食事をしても100週かかるよ。2年に一回しか会えないじゃん」と思ってしまった。そんなところに突っ込み入れるなんて無粋なのは百も承知だけど。

あるとき、仕事仲間の男性が、「娘が恋人を連れてきたら、友だちの数を聞く。友だちが少ない男には、娘はやらない」と言った。びっくりした私が（友だちわんさかの男になんて、私は絶対に惚れないから）理由を聞いたら、「友だちが少ない男は、人間としてダメ。葬式にどれだけの人が集まるかで、その人の価値が決まる」と語気強く断言した。なぜダメなのか、もう一度理由を聞いたけれど、特に深い理由はないようだった。

確かに彼は飲み友だちも、趣味友だちもとても多かった。今どきなら、SNSの友だちの数を自慢するタイプかも。

私はどうにも釈然としなかった。友だち。なぜ、たくさん要る？

脳の中のクッキー型

私の人生経験では、友だちの数が多いことを人間力に挙げる人は、一流企業のエリート社員で、スポーツマンに多い。しかも、チーム制のスポーツ。社会人としてはエリートで、妻の誕生日や結婚記念日に心を込めたサプライズをするようなよき家庭人で、身体を適度に鍛えつつ、多くの友人と篤《あつ》く友情を深める人生だ。飲み会に律儀に出席し、メールフォローも欠かさない。マニュアル通りで、非の打ちどころはない。スティーブ・ジョブズのいう教条主義、いわゆる「世間の理想形」の模範スタイルだものね。

ただ、発言は、ほぼほぼ紋切り型。企業戦士としては即効性があるのだろうが、脳の中に「クッキーの型」みたいなのがあって、世の中を、その型で、ぱこ、ぱこ、と、抜いていく感じ。その余った部分に、新事業のアイデアや、人間関係の機微があるのに、そこは捨ててしまうのである。人情話はするのだけれど、これもステレオタイプの「家族を大切にする話」みたいなもので、落としどころに感心してあげないと話が終われない。「そうはいっても、心の中は複雑だったと思うよ」なんて返しを入れると、説教されたりもする。感性を追求するコンサルタントにしてみたら、一番話が通じない相手だ。

しかし、コミュニケーションにおいて、間違いのないトークン（改札を通るパスみたいなもの）を渡すような、紋切り型の会話をする人は、如才がないタイプとして出世する。文系の偏差値を上げるのに長けた脳なので、いい大学も出ている。「心のひだ」の中に、割り切れない思いを抱えないので、ストレスも少なく、おおむね公明正大だ。

この人の親にしてみたら、「子育て成功」なのだろう。一流大学、一流企業、そつのないお嫁さん、しつけのいい孫たち。アルバムには、友だちに囲まれた幸せそうな写真が並ぶ。

私は、もちろん、こういう人生を否定したりはしない。本人が幸せで、家族に頼りにされ、友に愛され、社会にも貢献している。非の打ちどころなんて、どこにもない。素晴らしいと思う。

でもね、だからこそ、他の特性で生きるべき脳の持ち主が、つい真似をしたくなってしまい、傷ついてしまう。そういう意味で、危険な人たちなのだ。

これこそ、教条主義の罠

世の中には、こういうふうに、教条主義（べき論）でき上がった人がる。記号論で、正しく生きている人たちだ。各論（学歴、職業、友人の数、家族円満、趣味の充実などなど）では誰にも負けない。

企業人以外にも、各論で負けない人はいる。何かのスペシャリストとして生き、ブランドものや高級車を持ち、高級スポーツクラブの会員で、セレブ人脈に身を置く人たち。

ご本人には、何の文句もない。そのまま、どうぞ、最後までお幸せに、と願うばかりだ。

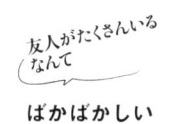

一方で、「友だちがたくさんいない奴はダメだ」と言われて動揺する人に警告する。自己投資などと言い訳して、身の程を超えた高級な場所に出入りして、がんばってない？　「クッキーの型」脳のエリートやセレブの「〇〇すべき」を鵜《う》呑《の》みにしてない？

これこそ、教条主義の罠である。

人生の時間は限られている

「友だちが少ない人間はくずだ」と言い切った人がいた。確かに、彼には、彼をたたえる友人がたくさんいた。けれど、彼が人生をかけて、一世一代の起業をしたとき、彼に投資した人は一人もいなかったのである。「独立したら、一緒に仕事しよう」と言っていた友人たちも、打ち合わせと称して食事の席は作るが、一向に発注してくれなかった。私のかつてのビジネスパートナーに実際に起こったことだが、このケース、実はよく目にする。

友人がたくさんいるなんて

ばかばかしい

ある銀座のママも、こう言っていた。「雇われホステスが独立するとき、自分についてきてくれると思って数えた常連の指名客の一割も来ないと思ったほうがいい」。

私の人生体験だけで「ばかばかしい」と言い切るのはどうかと言われるのは覚悟で言う。「たくさんの友だち」なんて、ばかばかしい。

いつの間にか、たくさんの友だちがいて、それが楽しい人はそれでいい。いざというとき味方になってくれなくても、飲んで楽しければそれでいい、と言う人は、それでいい。そっちまで否定はしない。

「友だちたくさん」に威嚇される人に告げる。友だちは、たくさん要らないよ。たくさんいれば、やっぱり関係は薄くなる。

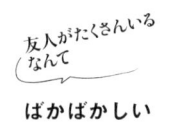

人生の時間は限られている。

その限られている時間を、何人の友に捧げるのか、たった一人なのか、100人に捧げるのか。最近では、せっせといいねボタンを押して、ネット上の1000人に捧げる人もいるのだろう。付き合う人数が多ければ、当然、ひとつひとつの縁は薄まる。

もちろん、会う回数イコール縁ではない。時には、並外れた人間力の人がいて、年に一回しか会わなくても、友にめちゃくちゃなインスピレーションを与え、自分もそれを得る人がいる。いや、一生に数回しか会わないのに、ずっとインスピレーションをくれ続ける友人だっている。私にもいる。きっと、残りの人生でもう会うことはないだろうけど、一生、彼女の存在が私に何かを与え続けてくれるだろう。彼女は作家なので、ときどき本屋で「彼女」に出会い、私は胸が熱くなる。

一年に一度の友人、一生に数回しか会わない友人なら、物理的には、たくさん持てそうだが、それは否だ。一生に一度の友人なんて、１００人もいたら、私なら98人は忘れてしまうだけだと思う。

冬の冷気の中に、明るい春の日差しが入り込んできたとき、ベランダの陽だまりを鳥の影が横切ったとき、私はふと「一生の友人」を思う。そんな心の場所には、数人くらいしか棲まわせることはできない。１００人もいたら、誰を思い出せばいいのか、混乱してしまうだろう。

ヒトの脳が、意識できる人の数は限られている。

だとするならば、やはり人数が多ければ、意識は薄まる。つまり、縁は薄くなる。友は厳選しなければならない。

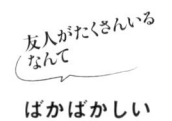

縁の切り方

28歳までのがむしゃら期の脳、35歳までの失敗適齢期の脳は、自分に合ったものがまだ見えてこないので多少多めの友人とつるんでいてもいいが、35歳を過ぎたら、「時間を潰すための友だち」は持つなと言いたい。「そろそろ会わないと、付き合いが悪いって言われるから会う」という友だちは意味がない。脳が求めてやまない人とだけ会おう。


ましてや、マウンティングしてくるつらい相手となぜ、会う必要がある？

その友だちといるとつらい。見下げられる、決めつけられる、「あなたもこうしなきゃ」と一方的なアドバイスを押し付けられる。そんなふうに苦しみながらも関係を切らず（切れず、ではなく）にいる人がときどきいる。なぜか、支配されると、その支配下から離れるのが怖いという人間心理があるらしい。

相談をされて、「そんな友だち、あなたの人生に必要あるの？　切っちゃえばいいだけじゃない？」と言うと、一様にハッとした顔をする。

「縁を切ります！」と最後通牒を突きつける、なんてハードルの高いことをする必要はない。新しい趣味とか勉強を始めたことにすればいい。「ちょっと資格取得の勉強始めて」とか「習い事を始めたから」なんて言いながら、疎遠にしているうちに、関係は立ち消えになる。たぶんそれくらいの縁だ。

友の選び方

友だちは、顕在意識で考えて選ぶ必要はない。優しい人だからとか、正しいことを言ってくれる人だからとか、そんなの関係ない。

「限られている時間を誰と過ごそうか」と思ったときに、自然に残った人でいい。

友人がたくさんいるなんて

ばかばかしい

潜在意識が欲するものは、顕在意識で考えても、結局はわからないのだから。

私はもうすぐ60歳になる。今後、屈託なく飲み食いしながら友だちに会えるのがあと10年くらいだとすると、これから女子会に行ける回数は、今の仕事のペースでいくと、2か月に1回。年に6回だ。とすると、これからの人生で参加できる女子会は60回しかない。

本当に会いたい友だちと年に3回会ってたら、残りは3回。「そろそろ会いたいわね〜」と言われて、残り3回うちの1回をこの人に使っていいのか、と思ったら、よっぽどの相手じゃないと使えないよ。

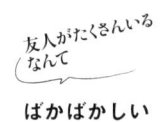

繰り返すようだけれど、「よっぽどの相手」とは「よほど素敵な人じゃないと」という意味じゃない。切羽詰まった相手というのかなぁ、今会っておかないとやばいんじゃないかな、なんていう相手も含む。「やばい」の意味もいろいろあるし。結局、気になる人ということなんだろう。素敵すぎて気になる人もいれば、やばすぎて気になる人もいる。私の場合、後者のほうがより気になる。結果、会えばめちゃくちゃ面白い。

最近、まずいランチを食べてしまうとすごく腹が立つ。人生で食べられるランチの回数が見えてくる年齢になると、「こんなので貴重な1回を使ってしまった！」「私の貴重な1回をどうしてくれるの！」って（笑）。

友だちも一緒だ。会った後に、心がザラザラするような友だちとは会わないと決めたら、人生が変わる。

人生の成功者の中には、「苦言を呈してくれる友」ほど重要と言う人がいる。確かに、友の苦言に目が覚めることもあり、友の苦言が次の人生を拓くこともある。けどそれは、しみじみと仲が良い友だちのそれであって、脳の方向性が全く違っている相手のマウンティングは、百害あって一利なし。

前述した「クッキーの型」脳の持ち主に、ぱこ、ぱこ、と、人生を切り取られたらたまらない。人生の大事なものを、見失ってしまうことになる。くわばら、くわばら。

孤高を怖れていては、世界観が作れない

友人がたくさんいるなんて

ばかばかしい

「友だちがたくさん」の、もうひとつの弊害は孤高の時間を持てなくなることだ。もちろん、人は社会的動物で、厳密には他人と連携しなければ生きていけない。しかし、一方で、脳は「孤」の時間を持たないと世界観が作れないのだ。

自分が何者かを知るには、この世を自分独自の世界観で眺めなければならない。与えられた、誰かのそれではなく。

友だちとつるむことを重要視するあまり、睡眠時間を削ってまでSNSとつながっていては、世界観なんて到底作れない。長いものに巻かれ、付和雷同して生きて、その他大勢の一人として死んでいくことになる。

それでも「優等生」にはなれるかもしれない。優等生とは、予定調和の正しい答えがいち早く出せる人たちのことだ。誰もが思い描く納得の答えを素早く出せたら、小さな組織で、ある一定期間だけはもてはやされるだろう。しかし、いつまでも「あなた独自の答え」が見つけられなかったら、結局、「一流」にはなれず、その他大勢に混ざってしまう。

つまり、自分だけの独自の世界観を作るためには、孤高の時間を確保することが絶対条件なのである。

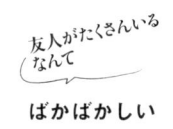

「誰からも好かれる人…」の章でも述べたが、私たちの脳は、俗に左脳と呼ばれる左半球と、右脳と呼ばれる右半球に分かれている。

左脳は顕在意識と直結して、言葉や数字を操り、現実の問題解決を行う領域。右脳は潜在意識の領域を主に担当し、外界のさまざまな情報を脳の持ち主も知らないうちに収集し、イメージを創生し、世界観を構築する場所だ。

この2つの脳をつなぐ脳梁は、右脳が作り出すイメージを記号化して、顕在意識に上げる。簡単に言うと、「感じたことを顕在意識に知らせる通路」である。

人のことを気にしているとき、脳梁には大量の電気信号が流れている。脳梁を行き来する信号が豊富であれば、相手の話を解析する能力が増し、周囲の微細な変化に気づきやすくなる。

一方、空間認知力、俯瞰力を高め、脳内に独自の世界観を創り上げるには、ある程度、右脳と左脳の連携を寸断して、右脳や左脳のすみずみにまで信号を行き渡らせる必要がある。

心がけて独りになろう

右左脳の連携を断つために、まずやらなければならないのが、他人の思惑から離れること。一日の一定時間、人の思惑を気にしたり、事の成り行きを案じたりすることをきっぱりやめなければならない。そして、日頃から大勢に流される癖をつけないことがとても大切だ。

他人に「ある、ある」「わかる、わかる」「いいね、いいね」と追従していると、脳の感性が「大衆全体の平均値」に近くなる。こうなると、独自の世界観の創生はもちろん、周囲を感動させることなんて、到底できなくなる。

「友だちたくさん」の呪縛から離れ、右左脳の連携を断つには、まずは一度、SNSから離れてみることをすすめる。SNSが暮らしの一部になってしまうと、よほど節度のある人、意志の強い人でない限り、人の思惑に絡め取られてしまう。

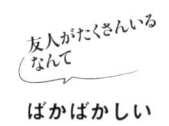

SNSでつながっていなければ、別に気にしないような知人の些細な動向まで目にするようになるからだ。

さらに、SNSに限らず、仲間とつるんでだらだらしゃべることもいい加減にしたほうがいい。

スターやアーティストがインタビューで、「友だちがいない」とか「昔から友だちが少なかった」などと答えているのを目にしたり、聞いたりすることがある。さもありなん、孤高は、独自の世界観を持つ人たち、ヒーローたちが、おしなべて持っているセンスである。

私の愛するバイクレーサー、ヴァレンティーノ・ロッシは、とってもフレンドリーで、世界中のモータースポーツファンと友人のように笑顔を交換し合う（きっと、ほんの数秒の人間関係にも、本当の友人のように感じるのだと思う。イタリア人の持つ美しい特性でもある）のだが、レースの前には、20年来の旧知の友人たちと必ず食事をするという。そのメンバーはティーンエイジャーの頃から変わらず、そのうちの何人かは、彼のスタッフになっている。オフに、野山を走り

友人がたくさんいるなんて

ばかばかしい

回って遊ぶバイク仲間も、ほぼ決まっている。

一方で、恋人は毎年変わるので、セレブのパーティとかは顔を出すのかもしれないが、いかなロッシと言えども持ち時間は365日しかない。彼と友だちになりたい人の数を思えば、ロッシもまた、友人の数が限られている。苦言を呈するタイプは、傍に置かない方針のようだ。もちろん、天才はそれでいい。

ロッシは、レースの前日、自分のマシンに寄り添って寝ることがあると告白している。彼には、ファンが聞いたら、涙してしまうような孤高の時間があるのである。

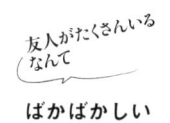

「そもそも自分は友だちが少ない。〝付き合い〟の飲み会は、本当は嫌いだ」という人は、生まれつきのヒーローセンスの持ち主だ。「友だちを持たなきゃ意味がない世界」での敗者なんかじゃ、絶対にない。

ロッシみたいに、すれ違いざまに世界中の人と友人になってしまう朗らかさは、確かに素晴らしいけれど、彼だって友人自体は厳選している。あなたの人生で、友だちが少ない（自然に友人が厳選されている）としたら、それは前向きにとらえればいいと思う。

今、ちょっと負担になっている友だち付き合いから、自然に離れるのが、もし怖いのだとしたら、それは依存症だ。まずは、一日最低2時間の孤高の時間を確保してみよう。SNSに触れない時間を作り、付き合いだけの飲み会から、きっぱり帰ることから始めてみてほしい。

できのいい子ども
なんて

ばかばかしい

この世に完璧な脳なんて存在しない。

脳は、何かが得意なら、何かがお留守になる、そういう装置だからだ。

脳は、大きな方向性を持って生まれてきて、日々の経験から、徐々に方向性が狭まってくる。その方向性を無視して、相反するいくつもの成功を脳に期待すると、ちょっとした混乱が生まれる。


全方位に万能な脳を作ろうとすると、「帯に短し、たすきに長し」の半端な脳ができ上がる。言ってみれば、カレーとみそ汁を一緒にしちゃうようなもの。美味しいカレーも食べたいし、美味しいみそ汁も飲みたい。そこで、本格スパイスと、極上だしとみそを同じ鍋に突っ込んだら、せいぜい「たしかに悪くないカレーみそ汁」ができるだけで、「究極カレー」も「極上みそ汁」もそこには存在しない。脳も似たようなものである。

とはいえ、小さなうちは、「カレー」の可能性も「みそ汁」の可能性も秘めていて、いい感じに見えるから困るのだ。良かれと思って親たちは、そこを目指そうとしちゃうからね。多くの「できのいい子ども」の正体は、そんな「まぁ、わるくないカレーみそ汁」であることが多い。そんなもの、うらやましがってどうするの？

人生がカードゲームなら

脳は、前述したように、56歳で完成する。つまり、子育てが成功したかどうかは、ずっと後になってみなければわからない。小さなうちにお行儀がいいとか、小中学生でお受験の勝利者だとか、いい就職先が決まったとか、そんなことで優劣は決まらない。しかも、子育ての成功は、56歳の子どもが人生を愛せているかどうかの一点にかかっている。そう考えたら、「おたくのまいちゃん、まだ英語始めてないの？」なんていうマウンティングに動揺しなくてすむのではないだろうか。

ちなみに、「できのいい子」がうんとうまく大人になると、「友人がたくさんいる…」の章で述べたような「クッキーの型で、人生をぱこ、ぱこ」のエリートく

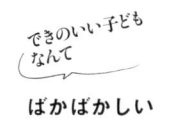

んができ上がる。

人生が、カードゲームなら、「キャリアも結婚も子どもも手に入れるトリプルサクセス」「早期教育で子どもが頭角を現す」「ピアノがうまい」「かけっこが早い」「お片付けができる」「お受験成功」「一流大学」「一流企業」「そつのないお嫁さん」「しつけのいい孫たち」なんていうのは、燦然と輝くコンプリート！

けどね、本物のレアカードはそんなところにはない。「一晩中話していても飽きない、洞察力のある息子」「息子のランドセルを捨てるときに号泣した私を抱きしめて、もらい泣きしてくれるお嫁ちゃん」なんていうのは、私が最近手に入れたレアカードだが、私にとっては、かけがえのない宝物だ。

人生のカードゲームは、レアカードを自分でデザインできるのだ。だって、「本人の満足度が高いほうが勝ち」というゲームだからね。人生のカードゲームは、「他人に力を見せつける」とか「他人をうらやましがらせる」とか「他人にとやかく言わせない」ゲームではないのである。

他人がうらやむカードを手にしようとするあまり、自分の満足度はいまいちだったり、「このカードを持つべきよ」なんてマウンティングされて、親子ともどもへろへろになっていたら、元も子もない。

我田引水・自画自賛・自己満足が、勝つ秘訣

私は、レアカードを作る天才なのだ。昔から、息子のことが大好きで、息子が世界で一番かっこいいと思っている。息子よりもハンサムだと、「あ〜、この手のハンサム顔は、男性社会で軽んじられることがあるのよ。ホスト顔っていうの？　男はもっと、首がしっかりしてなくちゃね」なんて本気で思ってるし、息子よりも首が太い男子を見ると「いくらなんでも太すぎ〜」と心の中で突っ込みを入れている。しかもそれ、「わざわざ発想転換している」のではなく、自然にそうなってしまうのだ。

というわけで、息子のカードは常に最強。どんなカードも、私を負かすことはできない。人もうらやむ世界的な学歴のお子さんの話を聞くと、「世界で活躍されちゃったらどうするの？　今みたいにそばにいられない〜、そんな学歴怖すぎ

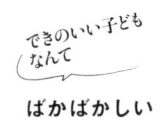

る〜」と本気で怯えるし、お尻の大きいお嫁ちゃんを熱愛するあまり、今や、この世のほとんどの若い女子のお尻が貧弱に見えて、「この子たち、しょぼ〜い。だいじょうぶなの〜」なんて、思っている。

我田引水、自画自賛、自己満足高すぎ……なんとでも言ってくれ。相手も負けないが、私も負けないというゲームが、人生のカードゲームの一番いいかたちなんだから。人生のカードゲームは、誰もが勝てるゲームなのである。

カード地獄にはまってはいけない

カード地獄と言っても、クレジットカードじゃないよ。

先ほどのカードゲーム。子育てコンプリートを目指して、全カードをゲットしようとするのだが、子どもが思いどおりに成果を上げてくれないと、カードはそろわない。そんなとき、「手に入らないカードばかりが気になって、自分の子育てが失敗だと思えてしかたがない」というのが、子育てカード地獄である。

この手の母親は、たいていが、自分自身が母親の子育てカードゲームの犠牲者である。しかし、本人は、母親の手をコンプリートさせてやっている。早期教育で頭角を現す→有名私学→一流大学→一流キャリア→外国語に堪能で、エリート夫を持ち、スリムで美人、なのだもの、たいてい。

で、自分のカードゲームに子どもが協力してくれないと、パニックになる。他の生き方を知らないので、受け入れがたいのである。

そのカード、いったん、ぜんぶ、投げ出してみたらいいのかもしれない。一部が欠けた状態だから、欠けたカードが気になるのだ。いっそ、そろわなければ、気にならないのに。

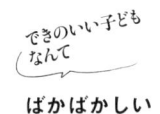

ゼロリスクの子育てはない

この世には、同時に手に入らないカードもある。

語学教育がそうだ。少し前は、「外国語教育は、赤ちゃんから始めないと間に合わない」と言われて、お母さんたちが焦りまくっていたが、今になって、「外国語の早期教育を受けた子は、そうでない子に比べて理系の成績が伸び悩む傾向にある」と言われ始めている。

実は、日本語は科学技術に強い脳を作る構造を持つ言語で、私は息子を理系の天才に育てるつもりだったので、外国語教育はいっさいせず、徹底的に日本語を使わせ、日本語脳に育てた。

しかし、すべての人が理系の天才になる必要もなく、バイリンガルにはバイリンガルの生きやすさがある。偏微分や重積分を軽々扱うのと、英語がペラペラなのと、日常生活でつぶしが利くのは後者だろう。

もちろん、脳には個人差があるので、早期教育を施されながらも理系の天才になる子もいる。

脳科学的には、結局どちらでも、どれでもいいのである。

母親が決めれば、間違いがない。なぜなら、ことばの感性の基礎は、母からもらうものだからだ。母のお腹の中にいるとき、母親がことばをしゃべるときの筋肉の動きやバイタルの変化で、子の脳は、最初にことばの存在を知る。母から子へ、口移しどころか、〝身体移し〟で、言葉は受け継がれる。その母の脳が、早期の外国語教育を欲するのであれば、やればいい。違和感があるのなら、やめればいい。どちらの選択も、子の脳にとって最良の選択だ。

だけど、早期の語学教育をスパルタで施したら、新発見をするようなスター理系脳に育つことを期待できる確率は、やっぱり下がると思われる。

脳は、何らかの才能を得ると、一方で、何らかの可能性を失う。音楽をさせたら、宇宙飛行士になる将来を捨てさせるかもしれない。理系に育てたおかげで、アスリートになれなかったかもしれない……。

しかしながら、そもそもゼロリクスの子育てはないのである。だとしたら、他人に強要されてすることよりも「母と子がやりたくてやる」ことのほうがずっといい。後者のほうが、きっとその子の脳に合っているに違いないのだから。

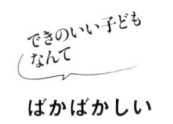

母親の直感に従えばいい

子を持つ親、特に母親は、子どもを産んだときからマウンティングの嵐に見舞われる。出産の仕方（自然分娩か、無痛分娩か、帝王切開か）、母乳かミルクか、授乳の時期はいつまでか、早期英語教育やお稽古事をすべきか、すべきでないのか……。

「それをしなかったら」もしくは「してしまったら」、愛しい我が子の未来が取り返しのつかないことになってしまうのではないかと右往左往する。根拠も確かでない「育児の掟」が、母たちを追い詰める。

息子の1歳検診のときのショックを、私は、26年経った今でも忘れられない。「卒乳はまだです」といった私を、小児科医が、まるで犯罪者を見るような目で見たのである。

1992年当時の日本では、「卒乳は1歳までに済ませる」というのが常識だった。「この後、別室で卒乳のための特別指導を受けていただきます」という小児科医に、科学的根拠があって、卒乳は自然に任せると決めていた私は、それを断った。すると、表情を硬くして「だらしなくおっぱいを与えていると犯罪者になる」と告げたのだった。

卒乳指導の栄養士は、「おっぱいに辛子を塗ってでも」と言い放った。息子が、この世の愛と信頼の源にしているおっぱいに辛子なんて、考えるだけでも身震いがした。彼が、人生を愛することができなくなるような気がして。

その十数年後、この国には今度は「母乳礼賛」の嵐が吹いた。母親の栄養状態を個々に把握せず一律に、「母乳以外のものを与えるとアトピーになる」とか脅かすので、私の知人は、子どもを栄養失調にしてしまった。

「おっぱい」は、母と子のためのものである。人にとやかく言われる筋合いはない。栄養たっぷりの母乳が出せるお母さんで、子どもが満足しているのなら、好きなだけ続ければいい。子どもの満足感が薄れてきて、食べ物に興味を示したら、自然に離乳食を併用すればいい。

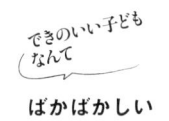

母親は、「良かれと思って」押し付けられるときどきの育児法を、もしも受け入れがたかったら、凛《りん》として受け入れなければいい。おそらく、その直感は正しい。

ましてや、ママ友のマウンティングなんか、気にすることはない。「誰もがやる教育で、他の子と同じような脳に育てる気はないの」と言っておけばいい。

人工知能時代の子育て

2016年3月、世界最強と言われた韓国の囲碁棋士に、人工知能が勝利した。「人類が人工知能（AI）に負ける日がやってきた」と、世界中にセンセーショナルなニュースが流れ、第三次AIブームが勃発。

しかし、今回のブームはブームではない。人類は、とうとう人工知能時代に突入したのである。

アメリカではすでに、スポーツ記事や経済記事の4割以上を人工知能が書いていると言われている。法律事務所で裁判判例を探し出してくるのも、ＡＩの役目である。

定型のテキストを扱うのは、ＡＩが最も得意とする仕事。スポーツ記事、経済記事、判例は、その最たるケースだ。

人工知能の真骨頂は、Ｎ個の事象を繰り返し学習して、Ｎ＋１番目の新事象に、それなりに対処できること。つまり、この世の定型作業のほとんどすべては、ＡＩに取って代わられる可能性が高い。

一方で、ＡＩにかかわる人材が大量に必要になってくる。たとえば、人工知能に「いいスポーツ記事とは何か」を教える人間である。その新聞社らしいスポーツ記事を抜粋してきて、人工知能に学習させる。そのチョイスが、人工知能のセンスを決める。

あらゆる業種業態の、あらゆるタスクにおいて、「そのタスクらしいパターンを厳選する」役の人が必要になる。しかも、時代によって変わるそれを見守り続け、ほどよきところでＡＩに再学習をかけなければいけない。そんな、ＡＩのお守り役もまた必要になる。

もちろん、ＡＩツール自体も、多種多様を極めていくことになるだろう。

戦後、コンピュータが開発されて、そろばんを弾く人はいなくなった。しかし、その何倍もの人材がＩＴ関連の仕事に従事している。人類は、ちっとも暇になっていない。同じことがＡＩにも言える。

だから人類が失業する心配はないが、人類のやるべきことは、がらりと変わるだろう。ここから10年で、世の中は、大きく様相を変える。俗に言われる２０４３年までかかりはしない。

私には、人類が時代のジェットコースターに乗っていて、坂を上っているような気がしてならない。あの、急降下に向かって、静かにからからから上がっていく、その音が聴こえるようである。

もう、今までの価値観はほぼ通用しなくなる。

誰もが納得する理想回答を、誰よりも早く正確に出してくるなんてことは、これからはＡＩがやってのける。つまり「クッキーの型、ぱこ、ぱこ」のエリート脳は、要らなくなってしまうのだ。

となると、子育てカードのコンプリートは危ない、ってことになる。

マニア脳こそ、次世代の覇者

次世代に求められるのは、ＡＩに、「何が典型的なそれ」かを教える人。

たとえば、究極のスポーツ記事とは何か。それを知るのは、スポーツ記事マニアだろう。新聞の見出しに感動して涙するくらいのマニア力があるとよろしい。

つまりね、次世代を拓くのはマニア脳なのである。「輝かしいキャリア…」の章に詳しく書いたマニア脳。現代のビジネスパーソンに求められるこのセンスは、当然、現代の子育てのゴールにもなる。

マニア脳に不可欠なのは、好奇心である。

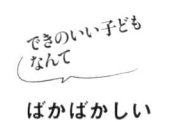

好奇心の保ち方

好奇心は、育てることはできない。これは、脳が生まれつき、強烈に持っている能力なのだ。育てる必要がないのである。ただし、好奇心を失わせる行為があるのだ。親は、そこだけは気をつけてあげてほしい。

ポイントは3つ。2歳の実験期、4歳の質問期、生涯にわたる適度な運動だ。

ちなみに、すでに子育ての中盤に入った読者の方で、これから私がアドバイスすることをしてこなかった方。悲しむことはない。脳はいつからでもやり直せる。やり直しがきくうえに、やり損ねたことがあれば、そのおかげで伸びた才能だって必ずある。やり損ねただけの子育てはないのである。子育てに反省は要らない。

2歳前後を第一次反抗期と呼ぶ。私はこの呼び方が大嫌いだ。

親が嫌がることを何度も繰り返す。あれは、大いなる実験なのである。だって、ミルクをこぼして、テーブルに広がった美しい曲線。あれって、同じことをやれば、また同じように広がるのだろうか。そんなこと、実験してみなければわからないじゃない？

なにせ、彼らは、地球にやってきてから、ほんのわずかな期間しか生きていないのだ。自分の意図で、コップを倒せるようになってからは、ほんの数か月。地球がどのような星なのか、実験して確かめているのである。その実験に対する姿勢は、科学者のそれと同じ。

どうか、その実験の手を止めないで。ファミレスのテーブルでは阻止しなきゃいけないけど、おうちのそれは2〜3度までは許してみよう。一生、ミルクを倒し続ける子はいない。

おもちゃを投げては拾わせる、ティッシュをボックスから出し続ける、ふすまやシーツに絵を書く、布団の上にパイプ枕の中身をばらまく、離乳食のうどんを手首に巻く……イライラしないで、自分も童心に帰って、一緒に楽しんじゃえば？

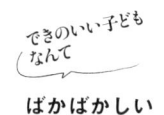

二個分のパイプ枕の中身（短く切った樹脂のパイプ）の中で泳ぐのは、意外に気持ちよかった。忙しかった私は、パイプをよけながら週末まで暮らした。夫は「これは惨状だな」って言ってたけど、気にしない。息子の実験期のほうが、「きれいに片付いている家」よりずっと大事だもの。

子どもの質問は祝福せよ

4歳になると、子は質問期に入る。

あらゆることを「なんで？」と聞いてくる。あれももちろん、脳にとって重要なイベントだ。

私は、脳と付き合って35年になるが、深く腹落ちしていることがある。それは、「脳は、一秒たりとも無駄なことはしない」ということだ。「女の無駄話」も「男のぼんやり」も脳の大事な機能性の一部だった。「夫婦が互いにイラつく」ことも、互いの生存可能性を上げるための大事な仕組みの一つだったのだ。「失敗」も、脳の成長にとって不可欠のエクササイス。「ボケ」も「徘徊」も、楽に死ぬための脳の仕掛けだ。これらの話は、長くなるから、別の場所で話そう。

いずれにしても、脳科学を極めていくと、ネガティブなことなんか、この世にはないのがわかる。中でも、誰もが通る道（「夫婦のイラつき」「失敗」「ボケ」）は、脳に人間力を発揮するために不可欠なイベントである。2歳の実験期、4歳の質問期もそれにあたる。

4歳の質問期。脳が無邪気に質問を繰り出してくるのを、馬鹿にして笑ったり、邪魔くさがって叱ってはかわいそうだ。なぜなら、質問力こそが、命題を見つけ出す力。将来、科学の新発見をしたり、ビジネスの新発想をしたりするのに、最も使う能力なのである。

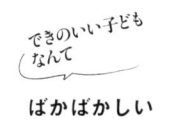

そして、命題を見つけ出すことこそ、定型タスクをAIに譲る時代に、人間のすることのコアになる。自噴してきた質問力を阻止しないことこそ、人工知能時代の子育ての重要ポイントだ。

子どもが質問をしてきたら、「いいところに気づいたのね」と、まずは、その質問を祝福しよう。

とはいえ、子どもの質問は、本当に答えにくい。「虹はなぜ7色なの？」「人はなぜ死ぬの？」「お湯はなんで沸くの？」

答えられなかったときは、「あなたはどう思う？」と聞いてみよう。まるで一遍の詩のような素敵な答えが返ってくることがあるし、「わからない」と言われたら、「ママもわからない。あなたがいつかその答えを見つけたら、教えてね」と言えばいい。

4歳の質問力を、ウザがらないで。そのわずかな時間を惜しまないで。その力が、将来の彼（彼女）を、どれだけ救ってくれるかわからない。

適度な運動

最後に、適度な運動を心がけること。このコツには、年齢制限はない、いくつになっても、適度な運動習慣が、好奇心と集中力を連れてくる。

脳に好奇心をもたらすのは、ドーパミンという脳内ホルモンである。ドーパミンは、一つの方向に、神経信号を深く入り込ませてくれる。「これ、どうなってるのー?」という好奇心を作り出すのだ。

しかし、ドーパミンだけでは、一つのことに集中しにくい。「これどうなってるの?……っていうかあれは?」というふうに気が散る可能性があるからだ。

ノルアドレナリンは、一つの信号が深く入り始めたら、二つ目の信号を抑制してくれるホルモンで、気が散るのを防ぐ。つまり、集中力を作り出す。

ノルアドレナリンは、単独で分泌すると、おじけづいたり、後ろ向きの気持ちを作るのだが、ドーパミンと同時分泌することで、前向きの集中力を作り出すのだ。

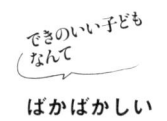

ドーパミンとノルアドレナリンを、同時に出す恣意的な行為は、運動しかない。少し汗ばむ程度以上の有酸素運動。スポーツらしいスポーツじゃなくても、散歩でもいい。子どもたちの場合は、自由遊びが何より。なかでも、高低差のある空間で、年齢の違う子同士が遊ぶ〝群れ遊び〟は、脳にとてもいいので推奨したい。

学生は、朝、始業前に身体を動かせば、授業中の脳の学習効率が格段に上がることがわかっている。遅刻ギリギリに必死に走ってくることも、案外悪くはないのかも。

勉強する直前じゃなくても、運動によって、この二つを同時分泌する癖をつけておくと、大事なときに同時分泌しやすくなる。

生涯にわたって、適度な運動習慣を、ぜひ。

好奇心溢れる人は、「幸福な天才」である。頭もいいけど、それ以上に運がいいと言われる人たちだ。

具体的に言うと、いつもしみじみと幸せそうで、常に好奇心と意欲を失わず、穏やかであたたかい。おっとりして見えるのに、決断は早い。集中力があり、言葉に説得力がある。頼り甲斐があって、飾らない人柄なのに、舐めてかかれない威厳を持っている。

子どもを、そんな大人に育てられたら、それが子育て成功なのではないだろうか。子育てカードゲームのコンプリートなんか、吹き飛ぶような。

かっこいい身体を手に入れる
なんて

ばかばかしい

セクシャリティは百人百様。シックスパックの腹筋の完璧な体を作っても、惚れられるとは限らない。

実際、シックスパックの腹筋が好きだという女子は、そう多くはない。もちろん、見せてくれたら、「きゃ、素敵！」くらいは言うとは思うが、あくまでも〝見る分には〟。実際に抱かれたいかというと、そうでもない。むしろ、「お腹がぽよんとしている男性が好み」という声もよく聞く。

華奢な身体を目指して、ダイエットを繰り返す女性も同様だ。男性の好きな女性の体型は、標準体型からぽっちゃり目が、細身を上回るというアンケート結果もある。

恋の法則

恋に落ちる……ロマンティックなその事態も、脳科学的にはかなり合理的な化学反応なのである。

雌雄の遺伝子配合によって命をつなぎ、生態系を維持する地球上の動物たちには、「生殖相性のいい相手を厳選して、遺伝子配合をする」機能が装備されている。

異性の見た目や声、触った感じ、そして匂いから、その遺伝子のありようを読み取っている。特に、体臭に含まれるフェロモン。この匂い物質は、潜在意識で嗅ぐ匂いだが、免疫抗体の型の遺伝子を知らせると言われ、最も重要な情報源だ。免疫抗体の型がわかるというのは、「外界の刺激に対する生体反応の種類」がわかるということだ。

つまり、動物の雌雄は、フェロモンによって、周囲に「生体としての強さのありよう」を伝えている。そのことによって、違う強さを持った相手に強く惹かれるように仕組まれているのである。

また、手のひらの温度分布は、脳の使い方と連動しているという研究結果もある。つまり、手のひらに触れると、その人の脳の使い方を、知らずしらずに感知することになる。握手をして、その人らしさを感じて、信頼感を深めることもあれば、あまりの違いに戸惑うこともある。そのギャップに惚れることさえある。

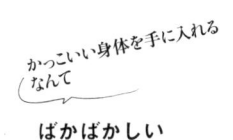

たとえば、たくましい人なのに、手が繊細さを伝えてきたり、その逆だったり。手を握れば、その男性が自分にとって「あり」か「なし」かがわかるという女性も多い。

こうして、遺伝子情報や脳の使い方を見極めて、脳はその持ち主が思っているより、きめ細やかに、目の前の異性を取捨選択しているのである。その際に、生殖相性がいいとみなされるのは、自分にない強さを持った相手なのだ。

たとえば、寒さに強い個体は、暑さに強い個体を選ぶ。そうすれば、将来、地球が温暖化しようが、寒冷化しようが、子孫が残る確率が上がるからね。

だから、惚れた同士は、たいていはエアコンの適正温度が一致しない。どちらかが暑がりなら、片方は寒がりだったりする。どちらかが神経質なら、片方はおっとり。大きな音がしたとき、どちらかがしゃがめば、片方は駆け出す。そんな二人が遺伝子のバリエーションを増やし、子孫の生存の可能性を上げていく。これこそが、恋、（脳科学的には「発情」と呼ぶ）の正体だ。

とはいえ、やっぱり美男美女はモテる。これにも理由がある。私たちの脳が美

かっこいい身体を手に入れるなんて

ばかばかしい

しいと感じるのには、根拠があるのだ。

「生物が美しい」というのは、成長がよく、ホルモンバランスがよく、免疫力が高い証拠。免疫のタイプがどうであれ、圧倒的に免疫力が高ければ、当然子孫を残す価値がある。という理由で、美男美女は広範囲から支持されることになる。

たとえば、男性の低く、甘く響く声。声変わり（声帯の変化）は、10代前半に男性ホルモンの分泌が劇的に増えたことによって起こる。テストステロンに代表される男性の生殖ホルモンは、二次性徴期に増量し、声帯を太くするとともに、生殖器官を成熟させる。つまり、声帯がしっかり成熟しているということは、生殖器官もしっかり成熟しているという証拠なのだ。背が高い、胸板が厚い、しっかり筋肉がついているなどということも、二次性徴期に栄養バランスがよく、生育環境が比較的良かったということを表している。

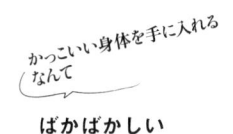

女性が、男性の低く甘い声にうっとりするのは、それが生殖能力の高さを感じさせるからにほかならない。

女性のメリハリボディは、エストロゲンという女性ホルモンが作り出す。エストロゲンは排卵を誘発するホルモンで、毎月の排卵の3日前からその分泌量を増やす。エストロゲンが出たからには排卵し、排卵した以上、脳は妊娠の可能性に備える。つまり妊娠して、何があっても胎児を育み、守れるように、脂肪や水分を体に蓄えようとするのである。このとき、胎児を入れることになる腹部を除き、脂肪や水分は胸やお尻に蓄えられる。結果的に、エストロゲンの分泌がよく、妊娠の可能性が高い女性は、深い曲線を描く身体になる。

さらに、吸い付くようなみずみずしい肌もエストロゲンによって作られる。

つまり、男性が女性のナイスバディに引き寄せられるのは、それが生殖能力の高さを誇示しているからに他ならない。

美男美女はかわいそう

ナイスバディの美男美女は生殖能力の高さ、免疫力の高さを知らずしらず（たまには確信的に？）見せつけるので、有象無象の多くの異性を惹きつける。しかし、いくらモテようとも、自分が本当に愛する人に愛されなければ意味がない。

なのに、美しい人の元には、遺伝子や脳の特性の相性によって結ばれる縁以外の人もたくさん寄ってくるので、本当の相手がなかなかわからないのである。

さまざまな異性が憧れて近づいてきて、勝手に理想を押しつけて、思いどおりにならないと焦れて、疲れて去っていく。全く不条理だが、これが美男美女であるゆえの悲劇なのだ。


「はじめに」にも書いたが、昔放映されていた、アメリカのドラマ『大草原の小さな家』で、母親が言うセリフをもう一度引用したい。

そばかすでやせっぽちの妹娘が、美しい姉娘に憧れ、真似をして、化粧をし、胸に詰め物をする。その妹娘のローラに母親がこう言う。

「あなたはあなたのままでいなくちゃ、もったいないわ。あなたが誰か別の人のふりをしていたら、あなただけを愛する人は、どうやってあなたを見つけたらいいの？」と。

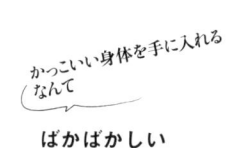

身体の美ラインは、人によって違う

人間には、四肢（手足）をコントロールする方法が4種類ある。ものを持つ、手を差し伸べる、歩き出す、ジャンプする、ターンする、ものを投げる。そのような動作の際に、人は、手のひらを返したり、足を踏み出したりする。そのとき、手のひらや足の中心軸（中指）に対して、薬指を小指側（外側）に旋回させるようにして動きを作り出すタイプと、薬指を中指側（内側）に旋回させて使うタイプ、人差し指を親指側（外側）に旋回させて動き出すタイプ、人差し指を中指側（内側）に旋回させて使うタイプの4種類があるのである。

誰もが4種類のうちのどれかのコントローラを小脳に内在させており、生まれつき決まっていて、一生変わらない。

ドアノブに手を伸ばすときのしぐさを思い出してみてほしい。私は薬指外旋型なので、親指を水平にして、手のひらを上に向けてドアノブにアプローチする。

かっこいい身体を手に入れるなんて

ばかばかしい

手のひらは、ドアノブの下半分を包み込むようになる。

息子は、人差し指外旋型なので、ドアノブに対して、人差し指を突っ込むかのようにしてアプローチする。手のひらは、ドアノブの上部に触れることになる。しぐさが違うので、当然、骨のかたちや筋肉の付き方が変わってくる。

ここでは、4タイプの詳細は書かないが、つかんでほしいのは、この世のボディには4タイプの骨の動かし方があって、それぞれに美しいラインのありようが違うということ。

そのタイプは一生変わらないので、タイプの違う誰かの美しい部分に憧れて、それを手に入れようと思っても無理だということ。

たとえば、薬指内旋タイプはシャープな動きがカッコイイ。肩が尖《とが》っていて、上腕筋が目立つので、女性ならばアメリカンスリーブがとても似合う。薬指外旋型は、なで肩の西洋絵画のマドンナタイプ。体をくねらせるように動くので、女らしさナンバーワンボディだ。

そんな薬指外旋型の女性が、薬指内旋型のシャープな肩に憧れても意味がない。痩せようが、ジムに通おうが、そういうふうにはならないんだから。

あるいは足。

薬指外旋型の私は、歩き出すとき、腓骨《ひこつ》（すねの外側の骨）を、外旋させながら動くので、すねがSラインを描くのである。

人差し指内旋型で、脛骨《けいこつ》（すねの中心の骨）を内旋させながら歩く、うちのお嫁ちゃんは、すねのラインがまっすぐである。内旋型は、爪先がしゅっとまとまるので、足も小さい。

彼女が似合う靴は、私は全く似合わない。彼女用の靴を履くと、笑っちゃうくらいみっともない。

そんな私が、自分に似合わない靴を無理して履いて、まっすぐなすねと、小さい足に憧れても意味がない。

私には、私に似合う靴があり、それを履いて、エレガントに歩けばいい。すねのSラインは、男性には人気がある。

幸いなことに、私の大好きなオードリー・ヘップバーンが、同じ薬指外旋型。彼女でさえ、あのスリムなボディに、Sラインのもっこりめの足がついているのである。しかも、その足だから、ローマの休日のアン王女のような、風格さえ感じさせるエレガントな立ち居振る舞いができるのだ。

というわけで、私のお手本は、オードリー。ダンスや立ち居振る舞いのお手本にさせてもらっている。

シャープな肩やまっすぐなすねと、ふわりと揺れるような女っぽいしぐさは、両方を手に入れることはできない。

逆に言えば、女は必ず、どちらかを持っている。ないものねだりはやめて、自分の美しさを認めよう。

本当の自分を生きる

美しいラインのありようだけじゃない。

スポーツでは、理想の動きがまったく違う。

男性はよく、憧れの選手を決めて、その相手の動きを真似るけれど、自分と同じ四肢コントローラの選手を選ばないと危ない。一流になれないどころか、身体を壊してしまうことがある。


あるとき、知人から、こんな相談を受けた。「うちの息子が吃音《きつおん》障害で、発音の専門家に直してもらおうと思うんだけど、脳科学的にいい方法とかあるんでしょうか」

「どんなふうにどもるの？」と尋ねたら、「話しはじめに、ああとか、おおおとか言いますね」とおっしゃる。「ア段の音と、オ段の音だけ？」と聞くと、「そうですね、いいいとか、えええとは言わないです」とのこと。

私はピンときて、次の質問をした。「彼は、縄跳びができないでしょう」。すると彼は驚いて、椅子の上で飛び上がったように見えた。「なんで、わかるんですか！」

ア段とオ段は、口腔を縦に、大きく開ける音だ。口を潔く開けられないとするなら、体幹がうまく使えていない。肩に力が入りすぎていることが予想され、肩甲骨が自由に動かせないはずだ。これじゃ、縄跳びが跳べるわけがない。

そこで、坊やに、体幹トレーニングを受けてもらうことにした。

引き受けてくれたのは、４スタンス理論で有名な廣戸道場の山本裕司先生。そこで判明したのは、縄跳びが跳べないのは、パパのせいだったのだ。

パパのほうは、肘を体側につけて、手首を使って跳ぶタイプ。なのに、息子さんのほうは、肘を使って跳ぶタイプ。当然、肘がバタバタする。パパはそれが気になって、「肘をちゃんと身体につけなさい」と注意し続け、本人も憧れのパパのスタイルを真似しようとして、跳べなくなってしまったのだ。

山本先生の巧みな指導で、肘が使えるようになったら、後は水を得た魚のよう。

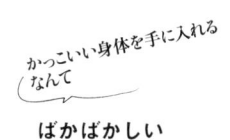

たった一回のトレーニングで、彼は縄跳びが跳べるようになった。

「ところで」と、私はパパに言った。「今日、彼がどもるのを、一回も聞いてないんだけど」

パパは「あれ⁉　ほんとですね」とびっくりしている。その後、道場に置いてあった絵本『泣いた赤鬼』を読んでくれたのだが、「大きな山の上に、赤鬼が住んでいました」などなど、語頭のア段音やオ段音が満載のその絵本を、最後まで一度もつっかえることもなく、流ちょうに読んでくれたのだった。

一件落着。その後、彼はどもらないのだそうだ。それどころが、運動音痴だと思っていた彼が、めきめきと本領を発揮しはじめた。「この間のマラソン大会で、トップ集団にいたんです！　なんと、肘を身体から離して、ふらふら揺らしながら」

なんとじゃないよ、お父さん、彼の四肢コントローラでは、そのスタイルが最も合理的な動きなんだよ……と、私は心の中でつぶやいたが、口には出さなかった。パパは、よくわかりすぎるくらい、わかっているのだもの。「もう、僕はお手本を見せません」なんて言ってたし。

かっこいい身体を手に入れるなんて

ばかばかしい

この世に、運動音痴はいない。

逆上がりや跳び箱や、縄跳びがうまくできなかったとしたら、それはおそらく、タイプの違う親や教師に教わったせい。

どうしてもできなかったら、他の人に教わってみることだ。逆上がりや縄跳びは、大きく分けて二通りしかないので、お手本者が2~3人集まれば、二つの方法を見せてやることができる。

縄跳びは、肘を体側に付けて手首で跳ぶタイプと、肘を身体から離して反動をつけて跳ぶタイプ。逆上がりは、鉄棒にみぞおちをくっつけて、肩を使ってくるりを回るタイプと、みぞおちを鉄棒から離して、お尻の反動で上がるタイプ。

大人になってからも、ランニングやゴルフやダンスの手本は慎重に選んだほうがいい。

「かっこいい身体を手に入れる」と思い込み、自分にないタイプを目指して、運動音痴になってしまったらカッコ悪すぎる。そのうえ、身体を壊してしまったら悲しすぎる。

完璧でいたい
なんて

ばかばかしい

私たちは、美しいものに惹きつけられる、完璧なものに憧れる。なのに、脳は、美しくて完璧な人を愛し続けるのは、相当難しい。

というのも、脳は、「自分の働きかけによって、変化する相手」を愛おしいと感じる癖があるからだ。

自分がいなくても何ら問題なく生きていける人は、脳の中では、どんどん存在意義が薄れ、やがて意味がなくなっていく。

私の友人（男性）が、妻に「あなたにとって、私って、意味がないんだよね」と言われて離婚された。喧嘩をしたわけじゃない、他に女性がいたわけじゃない、お給料もたっぷりと入れていた。ただ、彼は使命感に燃えるヒーローだっただけである。

完璧な男の妻なんて、ごめん

私たち女性は、放っておかれたから、寂しいわけじゃない。たとえひと月放っておかれても、自分が愛する人の人生に欠かせないピースだと確信していれば、やり過ごせる。問題は、彼の人生に参加させてもらえないことなのである。愛する人の人生になんら参加できていないと感じて空虚になるとき、私はよく、ウルトラマンの妻になったことを想像してみる。

何万光年も向こうの、知らない星の生物を救いに、命がけで出かけていってしまうのである、この夫は。妻にしてみたら、わけがわからない。しかしまぁ、それが彼の使命だというのなら、それはそれで認めよう。

けれど、男の中の男であるこの夫、おそらく家庭で仕事の愚痴は口にしない。ただ黙々とご飯を食べるに違いない。そこが問題なのである。

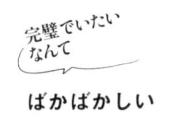

「今日、キングギドラに、ここ焼かれちゃったの。すごく、熱かったんだよ」なんて愚痴の一つも言ってくれて、「あー、かわいそう、ふうふうしてあげるね」「うん」なんていう成り行きになれば、この人の人生に参加している気になるはず。なのに、それをしてくれないから、妻は、とりつくしまがない。

静かに見守って、翌朝また送り出す。大変そうなのはわかるので、「帰りに牛乳買ってきて」なんてメールを出すわけにもいかない。かくして、この夫婦には、何の相互作用もなくなってしまうのだ。

こうなると、ある日、ウルトラマンは、妻に「あなたと一緒にいる意味がない」と言われてしまう。男らしい彼は、ここでただ黙りこくってしまうのだろう。「ばかなこと言うなよ。一緒にいるだけで意味がある。そんな女はお前だけなんだ」なんて言ってやることを思いつきもせずに。

完璧な男は、女を絶望させる。完璧な女は、男を疲弊させる。

人は、共に生きる者に、完璧なことなんか、望んじゃいないのである。自分がいることで、彼（彼女）が生きていける、という事実こそが、最も甘美な関係性なのだから。

なのに、完璧を狙いすぎて、ときどき人はそれを忘れてしまうのである。

人は、欠点で愛され続ける

ヒトの脳は、相互作用によって機能している。脳は、自分の存在や言動に対して、環境（人を含む）が変化することによって、外界を認知し、自分の存在をも認知する。認知がなければ、思考も行動もない。テーブルに手をついても、テーブルが押し返してこなかったら、それがプロジェクションマッピングの画像のように見えてはいても触れないものだったら、脳は画像さえ忘れて、何もないように暮らしていくことになる。

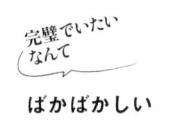

相互作用こそが認知の決め手なので、誰にも必要とされず、誰とも話さない老人は、ボケてしまう。赤ちゃんなどは、周囲との相互関係がなければ、脳神経回路が正常に発達しないくらいだ。

というわけで、脳にとって「私が支えてあげないとダメな人」「俺がいなければ、生きていけない女」ほど甘美な相手はいない。

愛され続けるためには、日々の生活の中で、「その人がいなければ生きていけない何か」を明確にしておくことだ。これが、意外に些細なことでいい。ただし、定番のわかりやすいポイントであることが大事だ。

たとえば、「電球が変えられない」「パソコンのメンテナンスができない」「あなたのゆでた蕎麦でないと食べられない」「あなたの週末の電話がないとがんばれない」「キミのみそ汁じゃないと一日が始まらない」みたいな、些細な、繰り返しのこと。

そうすれば、よその異性に気を取られて、ちょっと乗り換えようかなと思っても、「あいつ、俺がいなかったら、どうやって電球変えるんだろう」「あのひと、私のみそ汁がなかったら、どうやって会社に行くんだろう」なんて、心に引っかかって帰ってくる。最後の最後に心に引っかかるのは、案外、こうした「些細な繰り返しの依存」なのである。「心のフック」。

でもね、「頼りにする」は、フリじゃダメなのだ。本気で頼りにしないと、相手にばれる。本当に途方に暮れる、相手がいなければできないことがないと。

そう考えれば、何でも完璧にこなせる人は、愛する人を繋ぎ止める「心のフック」を持たないことになる。

だらしない自分、せっかちな自分、できない自分、情けない自分、髪型が決まらない自分、カレーうどんでネクタイを汚しちゃう自分、気の利いたことが言えない自分、ぐずぐずする自分、くよくよする自分……。

「あ〜、私って、つくづくだめだ〜」と落ち込むその瞬間、それが心のフックであることを思い出そう。

人は、長所で振り向かれ、ギャップで惚れられ、欠点で愛され続ける。長所は意外に役に立つシーンが少ないのである。

そう考えると、清く正しく美しく生きようとする努力は、いったい何のためなんでしょう？

愛ではなくて、人にとやかく言われないためだよね。ただの負けず嫌い。負けず嫌いだなんて、これもまたばかばかしい。負けカードのほうが、どんなに得するかわからないのに。

負けカードが人を引き寄せる

「できのいい子ども…」の章でも書いたけれど、人付き合いの中では、時に、カードゲームのようなことが起こる。

キャリア、お金、スタイル、パートナースペック、子どものできなど、わかりやすいカードを出し合って、自分がどれだけ価値があるかを、相手に認めさせるゲームである。

しかし、このゲームにおいて負けカードは、悪いものではけっしてない。考えてもみてほしい。キャリアもある、年収は2千万、息子はハーバード、娘はオックスフォード、そのうえ超美人なんてカードを出されたら、とりつくしまもないんじゃない?

ロイヤルストレートフラッシュみたいな完璧なカードを並べられたら、正直友だちにはなりにくい。せめてウエストが80㎝なんていう負けカードを一枚でも持っていてくれたら、ホッとするんだけど。

しかも、その負けカードが、私が支えてあげられるもので、そのお返しに彼女がうんと頼りにしてくれるとしたら、この人とは、離れがたい親友になれる。

つまり、負けカードは人生を惨めにするものではなく、人と親しくなれるスペシャルカードなのである。負けカードを一枚手に入れたら、人と心を通わせるカードを一枚手に入れたと思ったほうがいい。勝ちカードをズラリと並べる人よりも、絶対にモテる。

一枚の負けカードから恋が始まることだってあるのだ。

平常心の作り方

人生、勝ち続ける人はいない。

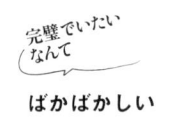

どんなチャンピオンでも、チャンピオンになるまでは、勝ったり負けたりしたはずだ。チャンピオンになってからだって、調子の悪いときはある。

なのに、いつも、全部、一番を、１００点を取ろうとすれば、その膨大な道のりに気持ちが呑み込まれてしまう。世の中には、案外、全体で１００点を取らなくてもいいことが多いのである。人の感動ポイントなんて、実はそう多くない。10分の企画プレゼンなら、力のある言葉がひとつあれば、人の心に残る。それでうまく行くこともあれば、行かないこともある。たとえ、今回の企画が通らなくても、「人々の無意識の好感ポイント」をゲットして、次の期待へとつなげられる。

全体が負けても、ピンポイント勝負に勝てば、それは明日への成功事例になるし、逆ならば、明日の成功のための、失敗事例になる。

なのに、完璧主義の人は、「一番になれない、勝てない」とわかった瞬間に勝負を捨ててしまうのだ。それは、あまりにももったいない。全体にあきらめたまま、漠然と負け試合をしてしまったら、脳は失敗を自覚してくれない。逃げの試合をした者は、たいてい「これはこれでいい。うまくいったほうだ。結果は仕方がない」と言う。これでは、脳は失敗だとわからない。

前に述べたように、失敗は脳にとって最高のエクササイズ。失敗した晩に、脳は確実に進化する。にもかかわらず、逃げ試合で負けた人は、脳が失敗を自覚しないので進化の糧にならず、失敗という結果の記憶だけが残り、自信喪失の枷《かせ》になってしまう。

勝ちに行って負けた人は、成功しやすい脳に変わり、逃げの試合に負けた人は、挫折しやすい脳に変わる。同じ負けでも、その結果は正反対だ。

藤井聡太六段は、インタビューに応えて、「将棋を指す限り、勝敗はついて回る」「一喜一憂してもしょうがないことかなと思う」と言っている。永遠に勝ち続けることができない勝負ごとに、一生をかける覚悟の天才は、勝ちの中に混ざる負けについて、達観している。15歳にして。

29連勝前のインタビューでは、「今は勝敗が偏っている時期で、いずれ『平均への回帰』が起こるのではないかと思っています」

この客観性は、本当に勉強になる。勝つことにどこまでも食らいつくその一方で、負けることを恐れない。それが平常心を下支えし、彼をさらに高みに押し上げていくのである。

藤井六段のこのことばの前には、「一番になりたい」「いつでも勝ちたい」「完璧な私でいたい」なんていう気持ち、かなり幼く見えるから面白い。ほんっと、藤井くんがまだ15年しか生きていないなんて、嘘みたい。

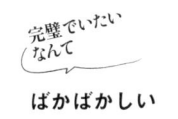

人の期待に応える
なんて

ばかばかしい

人は、誰かのために生きるとき、免疫力が上がるのだという。

2010年のチリの落盤事故で、33名が69日も地下深くに閉じ込められた。あまりにストレスフルな日々に耐え抜いて、全員が生還した。一人一人が地中から出てくるときの画像が、今も忘れられない。

このとき、NASAの危機管理の専門家がテレビでこう語っていた。「彼らが素晴らしかったのは、他者を見守るというタスクを作ったことです」

33人を3つのチームに分けて、3つのタスクをそれぞれに割り当て、8時間ごとに、そのタスクを順繰りに回していったのだそうだ。その3つのタスクとは、「寝る」「生活する」「他者を見守る」。

他人を案じている間、人は、自分に起こっていることを考えている暇がない。「寝る」「生活する」以外の時間に、ストレスをためないようにする最善策だったと、NASAの専門家は絶賛していた。

他者に意識を集中すれば、人は強くなる

そういえば、前人未到の山に挑戦する登山家のテレビ映像を見ていていつも思うことがある。この人のそばには、カメラ機材を担いで追従しているカメラマンがいることを。

実は、従兄弟がNHKの山岳カメラマンで、よく、この「前人未到の命がけの登山」に同行していた。ある特番では、あまりにも過酷だったので、「どうだったの」と聞いてみたら、「一番つらかったんは、吹雪の断崖絶壁に寝たとき。テントを張るスペースが狭すぎて、崖の向こうに張り出していた。膝から下が、1000メートルの谷底に向かって、宙に浮いてるのやで」

私は、思わず、ひぇ〜と声を上げてしまった。歌舞伎の四谷怪談で、お岩さんが出てきたときより怖かった。

で、前から思っていたことを、彼にぶつけてみた。「彼は、前人未踏の登頂に

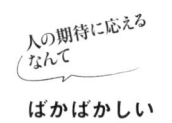

成功した登山家として絶賛されているけれど、あなたは、カメラを抱えて同じことをしたんだから、あなたのほうが上じゃない？」

「あー、まぁ、そんなふうに考えたら、確かになぁ。けど、その人の企画力やし、その人の手柄。それに、カメラ持っているときは、自分がつらいとかわからなくなるねん」

よく、カメラを持つと、目の前のパニックが怖くなくなる、という報道写真家のコメントを耳にするけど、やっぱりそうなのだった。

目の前の登山家の苦痛を案じているカメラマンは、自分のそれは忘れてしまう。

「他人思い」の人は、本当に強いのである。

買っていただくのではなく、出会っていただく

事業家だって同じだ。

自分の利益のために物を売ると思うと、お客様に商品を勧める際に、ある種後

ろめたい気持ちがよぎる。断られたら、がっかりする。

しかし、「顧客のために、ぜひこの商品と出会わせてあげたい」と強く思っていれば、公明正大に商品を勧められる。しかも、断られても、心が折れない。自分が挫折したのではなく、顧客が挫折したのだから。いい商品と出会い、素晴らしい人生を始めるチャンスを逃したのは、顧客のほうである。

詭弁のようだが、詭弁ではない。確かな機能性と品質の商品を作り上げて、顧客の役に立てると確信していないと、この考え方はできない。こういう商人に出会う顧客は幸せである。

一方で、せっかく顧客の人生を変える製品を持ちながら、「他人思い」になれない会社もある。「この商品で幸せになれる人に、早く出会ってもらいたい。使ってもらえるのが待ちきれない」という気持ちになれば、どんどん売り込めるのに、「買っていただく」という謙虚な気持ちから抜け出られないので、ちょっと引いてしまうのである。

しかし、「買っていただく」は、謙虚なようでいて、あくまでも「自分思い」である。自分にスポットライトが当たっている。

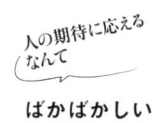

「輝かしいキャリア…」の章でも述べたように、プロは自分にスポットライトを当てたら危ないのである。

他人思いのようでいて、強烈な自分思い

「人の期待に応える」もまた、自分にスポットライトを当ててしまう魔法のことばだ。他人思いのようでいて、強烈な自分思いのことばなのである。

これは、「自分が勝ちたいから勝つ」のでも「無邪気な平常心で勝つ」のでもなく、「人から見て素晴らしい自分」になることを約束したことばだもの。私はアスリートや若い人が、このことばを口にするのは「やばい」と思っている。

「他人から見た自分」を目標にしてはいけない。しかも、その他人に深く感謝しているのなら、なおのこと。完璧になろうとして、どこまでも自分を追い詰めてしまうことになり、それで成功すれば、人々を感動させることになるが、そうでなかったときに、ぼろぼろになってしまう。

スポットライトを当てるのは、あくまでも「勝負」であって、「勝利した自分」ではない。運がなければ、勝利はやってこない。そのとき、「あー、自分の目標は、こんなにも遠く輝かしいのか。また頑張ろう」と思えることが重要だ。「そんなに輝かしい目標を持てているなんて幸せ」という、朗らかな気持ちで。

「他人の期待に応える」ということばは、教条主義の罠に、自ら落ちていく暗黒魔法のことばである。このことばはうっかり使わないことだ。

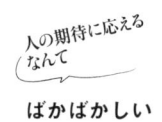

勝負師たちの掟

前章の最後にも使ったけれど、前人未到の29連勝達成を日本中から期待されているときに藤井聡太六段が放ったことばを思い出してほしい。「今は勝敗が偏っている時期で、いずれ『平均への回帰』が起こるのではないかと思っています」

ファンの期待に応えるために勝負をしているのではない。ただ純粋に、勝負のために、勝負をする。一喜一憂せず、淡々と、しかもアグレッシブに。それこそが、藤井六段の風格を作っているのだと思う。

ちょっと毛色は違うけれど、「メダルを誰にかけてあげたいですか？」と聞かれて、「あ。別に誰でも。そんなに大切にするつもりもないから。誰でもどうぞ、触ってください」とにっこり笑った宇野昌磨もまた、ナルシストとは程遠い。

私は、このタイプの勝負師たちが大好きなのである。安定していて、タフだから。

私が死ぬほど好きなバイクレーサー、ヴァレンティーノ・ロッシもその典型的なタイプ。時速３５０㎞を超えるモンスターマシンを操って、触れるような接戦を繰り広げるmotoGPでは、レーサーたちに要求される反射神経は、常人の想像を絶する精度だ。このため、全盛期は10代終わりから20代前半と言われているのに、ロッシはなんと、今年39歳。史上最多勝利を更新し続けている。フィギュアスケートで、40近いおじさんが4回転を飛んでるようなもの。すごすぎる。

ここまでくれば、ナルシストの塊になっていてもよさそうなのに、負けても楽しそうなのだ。若手に圧倒的にやられた昨シーズンの初め、私は、彼が意気消沈して引退するんじゃないかと心配していたら、ぜんぜんそんなことはなかった。

大事な祖国イタリア戦の前には、公道で遊んで脚を折り、結局欠場する事態に。この大事なときに、エンデューロバイク（公道で行うオリエンテーリング&ラリー）で遊ぶなんて、ほんっと、余裕ぶっこいている。

「人の期待に応える」タイプは、ストイックに自分を律する。そして、悲願の成果を見せてくれるし、周囲に対して腰も低いので、深い感動を呼び覚ます。

「純粋な勝負師」タイプは、時にファンを唖然とさせるが、ファンのほうもそれを楽しみ、驚くような勝負強さで、朗らかな歓喜を呼び起こす。

どっちも素敵なスターだが、後者のほうが、本人のストレスはずっと少ないはず。長い勝負人生を生きていくには、後者のほうが有利だと思う。そして、人生は、長い長い勝負である。どの勝負師の勝負人生よりも。

「人の期待に応える」「親の期待に応える」なんて、ばかばかしい。そこから脱却しないと、どこかで、心が折れてしまう。

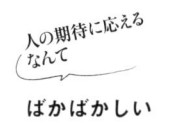

おわりに

自分を生きる力

先日、あるVIPの会に呼ばれて、講演をすることになった。

誰もが知っている超優良大企業の経営陣の皆様が集まった会である。

講演に先んじて、コーディネータの方が、「黒川さん、この会がどういう会か、わかってる？　一言でいうと、と〜っても偉い人たち」と、優しく釘を刺してくれたのである。

私がリラックスしすぎていたのかもしれない。とはいえ、失礼な態度はとっていなかったと思うけれど（講演の前の昼食会の席に着いたばかりで、そんな暇もなかったし）。

きっと、のほほんとしているように見えたのだろう。もう少し、小刻みに頭を下げるべきだったのかも。

私の中には、「上」や「下」がないので、こういうときに緊張しないのである。

逆に、かえってリラックスしてしまうくらいだ。知性と教養と経験のある方たちは、私が35年間にわたって探求してきたテーマを素直に披露すれば、必ずそこから、インスピレーションを得てくださる。つまり、私が、58年間、丁寧に生きてきた「黒川伊保子」でいればいいだけ。ほぼ同じ時代を生きてきた企業人なので、使うことばの理解度について勘案する必要もないから、本当に楽なのである。それに、これだけの頭がいい方々相手に、今更取り繕っても、間に合わないし。

その話を、私のスタッフにしたら、「私も緊張しません。同じ人間ですものねぇ」とからからと笑ったのだが、それは違う。

私やあなたと、あの方々は違うよ、と、私はスタッフに言った。私よりスペックが大きいから、私は、相手のすべてをゆだねたのだ。わかってくださいますよね、と。

「上」や「下」がないということは「同じ人間ですよね」と言うくくりもない。「同じ人間」と言う言い方には、人間をランク付けしている心根が透けて見える。

社会的にランク差があるけど、同じだからね、と言う威嚇が含まれている。私は、だから、「〇〇も〇〇も同じ人間」という言い方が嫌いなのだ。

私は、目標というのを立てたことがない。

インタビューで、「どうして感性の研究をしようと思ったのですか」と聞かれると、とても困るのだ。

それが仕事だったから、としか答えようがない。

与えられた命題を、好奇心で解き進んだら、他の人と違う答えが出た。ただ、それだけのことである。

入社して最初に与えられたのが、コンピュータ・グラフィックスだったら、その道できっと何かエッセイを書いていただろう。

私には「上」も「前」もなく、ただ好奇心の対象があるだけ。

好奇心の対象がいつも「一番」なので、高校時代に物理学科を目指したとき、「同じ偏差値なら、医学部を目指せばいいのに」と言われても、きょとんとしてしまった。物理学より医学のほうが上なの？？？

まぁ、後から気づいたけど、確かに年収は違うね。お見合いの肩書に「物理学者」とあっても、女子がきゃあきゃあ言うとは思えないけど、「外科医」とかあったら、アドバンテージありそう。お見合いパーティーの最高峰なんでしょう？独身医師集団。

幸い、人工知能は面白い研究分野で、35年間、私の気をそらさなかった。なので、「上」も「下」も「同じ」もなく、自由に暮らせている。

私の中に、ランクがないから、マウンティングされてもピンとこない。

自分より経験の多い相手には身をゆだねてリラックスし、自分より経験の少ない相手には「受け止められる量」を勘案して、発言にややバイアスをかける。

私にとっては、それだけのことだ。

当たり前に思ってきたのに、私の大好きなライター坂口ちづさんとお話ししていたら、「それって、特別。本にしてみましょう」ということになった。

マガジンハウスの小澤由利子さんが、その思いを受け止めてくださって、この本がある。私の〝当たり前〟を、おふたりが根掘り葉掘りインタビューしてくれて、この本ができ上がった。

そうしたら、他の自己啓発本に書いてあることを、ことごとくひっくり返すことになって、面白かったのである。

その私たちの「愉快さ」が、伝わるといいなぁ。自己啓発の果てに、心が凝ってしまった人に、ぜひ読んでもらいたい一冊になるといいなぁ。そう願いながら、今、筆をおこうとしている。


ここまで読んでくださった方が、同じように思ってくれたら、至福の喜びである。


自分を生きる力。

私は、この本の中で、私の持っているものに、そう名前を付けた。

誰もが幼い頃には、ふんだんに持っていたはずの力である。だから、誰でも思い出せる。私の生き方が楽そうだなぁと思ったら、ぜひ、真似してみてください。そんなに悪いことにはならないと思うが、徐々にね。

あなたの人生に、さらなるリラックスが訪れることを、心から祈っています。

2018年3月8日　優しい雨の朝に

黒川伊保子

編集協力　坂口ちづ
装　　丁　轡田昭彦＋坪井朋子

[著者プロフィール]

黒川伊保子（くろかわ いほこ）

1959年長野県生まれ。人工知能研究者／脳科学コメンテーター。

奈良女子大学理学部物理学科卒。富士通ソーシアルサイエンスラボラトリにて、人工知能（AI）の研究開発に従事したのち、コンサルタント会社勤務、民間研究所勤務などを経て、2003年に株式会社感性リサーチを設立、代表取締役に就任する。脳機能論とAIの集大成による語感分析法を開発し、マーケティング分野に新境地を開拓した、感性分析の第一人者。その軽妙な語り口が好評を博し、年間100回を超える講演・セミナーを行っている。

著書に『成熟脳 脳の本番は56歳から始まる』（新潮文庫）、『母脳 母と子のための脳科学』（ポプラ社）、『女の機嫌の直し方』（集英社インターナショナル新書）、『「ぐずぐず脳」をきっぱり治す！ 人生を変える7日間プログラム』（集英社）など。

前向きに生きるなんてばかばかしい

脳科学で心のコリをほぐす本

2018年4月12日　第1刷発行

著　　者　黒川伊保子
発 行 者　石﨑 孟
発 行 所　株式会社マガジンハウス
〒104-8003 東京都中央区銀座3-13-10
書籍編集部　☎03-3545-7030
受注センター　☎049-275-1811

印刷・製本　株式会社リーブルテック

ISBN978-4-8387-2986-9　C0095

マガジンハウスのホームページ　http://magazineworld.jp/